gutes leben
bene!

FRANK BERZBACH

DIE KUNST ZU GLAUBEN

EINE MYSTIK DES ALLTAGS

Ich glaube an Gott,
den gekreuzigten Christus etc.,
um Kleinkram kümmert sich
der Prätor nicht.

Guy Patin

INHALTSVERZEICHNIS

VOR EINEM LANGEN GEDANKENSTRICH

Nach meinem Realschulabschluss, einer Berufsausbildung, einigen Jobs, dem Zivildienst und dem nachgeholten Abitur war es mein Traum, zu studieren. Ich wollte intellektuellen Menschen beim Denken zuschauen und zuhören dürfen. Ich wollte denen begegnen, die das Denken, Lernen und Forschen zu ihrem Hauptberuf gemacht hatten und die Bücher schrieben. Von dieser Bewunderung für Geistesmenschen durchdrungen – sie erschienen mir als die wahren Helden – ging ich schon als Student in den alten Universitätsclub in Bonn und hörte den bildungsbürgerlichen Diskussionen zu. Meine Neugier war groß, aber ich gehörte nicht zu dieser feinen distinguierten Gesellschaft; und das ließ man mich immer mal wieder an den konservativen Universitäten spüren. Aber am Ende hielt es mich nicht ab, ich studierte weiter und hörte mir manches als Zaungast an.

An einem Abend saßen auf dem Podium unterschiedliche hochdekorierte Fachmenschen: eine Politologin, ein Philosoph und – ich hatte an ihm zuerst wenig Interesse – ein älterer, auch altmodisch wirkender Theologe.

Ich erinnerte mich an ein Interview mit dem berühmten Sozialphilosophen Jürgen Habermas, der Anfang der 1950er-Jahre in Bonn studiert hatte. Er sei damals zu den Theologen gegangen, weil die zu den wenigen gehörten, die in der gerade frisch verdrängten Nazizeit nicht in vorauseilendem Opportunismus mitgemacht hatten. Hinter dem Katheder standen integre Charaktere, und die brauchte man, um ernsthaft Philosophie zu studieren. Sogar Habermas, nach eigener Aussage »religiös unmusikalisch«, zog es also damals zu den Theologen. Vielleicht ist es kein Zufall, dass sein großes Alterswerk, das er zwischen dem 80. und 90. Lebensjahr schrieb, den Untertitel »zwischen Glauben und Wissen« trägt. Im Vorwort fragt er sich, warum er sich solch eine Arbeit im hohen Alter noch einmal angetan habe; seine Antwort: weil er an diesem Geschäft des Denkens eben immer noch unendliche Freude habe.

Der etwas unpassend wirkende Theologieprofessor vorn auf dem Podium hat leider keinen Namen, weil ich ihn damals nicht in mein Tagebuch geschrieben habe. Jedenfalls müsste er etwa im Alter von Habermas gewesen sein. Dennoch werde ich dem Mann, dem ich Mitte der 1990er-Jahre an jenem Abend begegnete, immer dankbar sein. Gar nicht nur für das, was er sagte, sondern für die Art, *wie* er war, dachte und formulierte. Seine Klugheit kam nur zum Teil aus dem Intellekt oder aus Büchern. Die Diskussion war bei ethischen Themen angelangt, man sprach abstrakt über den Tod, aber nur einer sprach anders – der Theologe.

Aus der Perspektive von Leben und Tod rückt alles in ein anderes Licht

Er war für mich leichter zu verstehen und neben seiner Professur auch als Seelsorger tätig. Er begleitete Sterbende, kannte das örtliche Hospiz, sogar das Kinderhospiz – und zwar von innen. Er hörte den anderen aufmerksam zu, aber nach einer Weile ergriff er das Wort und fügte der hochfliegenden ethischen Begriffsakrobatik nur einen Satz hinzu: »*Was Sie sagen, ist schlüssig, aber am Bett eines Sterbenden sieht es anders aus.*«

Nicht nur ich, auch andere im Publikum waren von dem Satz getroffen. Es herrschte plötzlich völlige Stille. Ich stand auf und ging nach Hause. Alles war gesagt. Er hatte nicht erläutert, wie es an einem solchen Bett aussieht – jedenfalls anders; anders als in Fußnoten. Ob die Theologen die Vorstellung des Jenseits doch etwas konkreter ausgearbeitet hatten? Der Satz von der grundsätzlichen Andersartigkeit galt für viele Jahre, viele Gedanken und viele Bücher, die ich gelesen hatte. Aus der Perspektive von Leben und Tod rückt alles in ein anderes Licht. Und Licht besteht, wie die moderne Physik lehrt, aus

Wellen und Teilchen zugleich. Das Licht ist also nicht einmal naturwissenschaftlich eindeutig erklärbar. Die weltlichen Erklärungen sind wichtig. Ich bin Anhänger der Aufklärung, ohne Verstand und Vernunft keine humane Religion – aber die wesentlichen Dinge lassen sich nicht *zählen* – sie lassen sich nur *erzählen.*

Gewöhnlich schreibe ich Sachbücher mit philosophischen Bezügen, nur ein Roman fällt etwas heraus. Der Urgrund dieser Bücher war nie atheistisch, aber meine religiösen Bezüge wollte ich nie vor mir hertragen, und daher blieben sie im Hintergrund. Die Zeit ist aber nun da, sich offen dem Thema des Glaubens – meines Glaubens – zu stellen. Der eine Satz des alten Professors klingt mir bis heute im Ohr. Seither denke ich über *die Kunst zu glauben* nach. Was lässt sich über das veränderte Licht, in dem sich das Leben zeigt, erzählen? Welche Geschichten werden durch dieses Licht gezeigt?

Die wesentlichen Dinge lassen sich nicht zählen – sie lassen sich nur erzählen

Noch immer liegen Bücher auf meinem Tisch, wenn auch etwas andere als damals. Um eine Religion, selbst eine Buchreligion, kennenzulernen, reichen Bücher nicht aus. Um sie zu erkunden und schließlich auf sich zu beziehen, muss man ihre spezifische Ästhetik – Musik, Malerei, Literatur – wahrnehmen, ihre Räume betreten, erfahrenen Praktizierenden begegnen und mit ihnen sprechen.

Schließlich der Versuch, glaubend *zu handeln,* eigene Erfahrungen zu machen. Aus diesen Quellen speist sich bis heute meine Glaubenserfahrung. In einem Raum, durch ein Bild, ein Gebet oder Musik, durch Innehalten und auch durch den Umgang mit Lastern nehme ich Spuren des Göttlichen wahr. Mit dem Beruf des Autors ist verbunden, jedes esoterische Sprechen zurückzuhalten. Gute Texte sollten erhellen, nicht vernebeln. Das Schreiben als Glaubender kennt aber eine besondere Herausforderung. Julien Green notierte in seinem Tagebuch, dass Schreiben *»nichts anderes bedeutet, als auf das anzuspielen, was sich nicht sagen lässt«.* Das Unsagbare schwingt mit – und strebt zugleich nach Ausdruck.

Statt sachbuchhafte Objektivität zu suggerieren und durch geschlossene Systematik mein Thema einzuquetschen, ziehe ich das essayistische Umkreisen vor. Dies ist weder ein Beitrag zur zeitgenössischen Theologie noch versteckte missionarische Propaganda; es ist kein gewöhnliches Sachbuch über die »Wiederkehr des Glaubens«, sondern es dokumentiert nur, was mir immer dringlicher durch Kopf und Herz geht, seit der alte Professor auf das Bett eines Sterbenden hingewiesen hat, auf dem wir schließlich alle liegen werden. Er hat die Papiertiger – auch mich – infrage gestellt.

Ich will nichts beweisen. Ich lasse andere Ansichten gelten, ohne sie abwerten zu müssen, und habe dennoch eine klare Meinung. Der französische Philosoph Michel Foucault sagte einmal: *»Das Wichtigste im Leben und in der Arbeit ist, etwas zu werden, das man am Anfang nicht war. Wenn Sie ein Buch beginnen und wissen schon am Anfang, was Sie am Ende sagen werden, hätten Sie dann noch den Mut, es zu schreiben?«*

Die Vorbereitung zu diesem Buch beginnt zwar in meiner Kindheit, aber vor mir liegt kein Plan, ich bin nicht auf Pointen aus und habe auch keinen Plot. Vielleicht habe ich daher erst jetzt den Mut, es zu schreiben. Wie anders mit so einer schwierigen und zugleich einfachen Sache wie dem persönlichen Glauben umgehen?

Auf dem Rückweg von der erkenntnisreichen Podiumsdiskussion lief ich an einem Plakat vorbei, auf dem stand: »Für eine gesunde Intoleranz!« Ich idealisiere nicht die Vergangenheit, glaube nicht, dass alte Menschen weiser sind als junge. Ich hatte auch kein tieferes Erweckungserlebnis, wie Johnny Cash, der von Drogen zerschunden und verzweifelt in einer Höhle lag und dort Gott wiederfand.

Ich habe seit Kindertagen an Gott und Jesus geglaubt. Meine Mutter brachte mir früh bei: »Gott selbst ist nicht evangelisch oder katholisch, mit dem Trennenden beschäftigen sich nur die Menschen.« Die Konfessionen, Anlass für endlose Kriege, spielen für mich keine tragende Rolle, auch wenn ich immer mehr bemerke, wie katholisch ich wohl doch bin. Von meinen Großeltern bekam ich das *Gotteslob,* das Gesangbuch, zur Kommunion geschenkt. Ich lag in meinem Kinderbett und strich mit neongelbem Marker darin an, was mir gefiel – Textmarker auf Dünndruckseiten! – zum Entsetzen meiner Großmutter. Ich fand das Buch damals allein wegen dieser hauchdünnen Seiten und dem Goldschnitt gut. Und Textmarker fand ich gut, weil das lichte Neongelb durch den dunkelsten Tag hell strahlte.

Die Orden waren immer die Reißnägel auf dem Stuhl der verfassten Kirche

Ich hatte unverschämtes Glück mit meinen Religionslehrern, Gemeinden und Pfarrern. Mir ist klar, dass dies in der Kirche ein nicht ganz gewöhnliches Glück ist, aber an Zufälle glaube ich auch nicht. Dies ist kein Buch über die alten Institutionen, zu der meine Meinung ziemlich klar ist, in zweifacher Hinsicht: Ich verehre und bewundere ungebrochen die Tradition katholischer Orden. »Die Orden waren immer die Reißnägel auf dem Stuhl der verfassten Kirche«, sagt die Franziskanerin Schwester Franziska Dieterle. Ich verabscheue die Machtpolitik einer Amtskirche, die Frauen diskriminiert, zu oft böse politische Machthaber hofierte und die ihr Verzeihen auch opportunistisch und ausgrenzend verteilt hat. Musste der Vatikan oder die verstorbene englische Queen, Oberhaupt ihrer Kirche, einen Donald Trump in Ehren empfangen? Wo sind die christlichen Werte, wenn es darauf ankommt? Zu glauben ist auch deshalb eine Kunst geworden, weil die christlichen Institutionen es den Gläubigen schwer machen können.

Zu keiner Zeit war ein tieferer Glaube durch ein schnelles Bekenntnis, eine bloße Unterschrift oder formale Mitgliedschaft zu haben. Gerade das Wirtschafts- und Kleinbürgertum liebt die strategische Anpassung ans Christliche, es wird angelegt wie eine äußerliche Verkleidung. Darunter finden sich aber seltener gelebte christliche Werte. Geld ist in diesen Kreisen oft wichtiger, Fasten oft eine Farce. An Weihnachten faltet man in der Kirche brav die Hände, um so gesehen zu werden, Parteiprogramme schmücken sich mit religiösem Jargon. Kirchliches Heiraten ist für manche ein prestigeträchtiges Event, vielleicht sogar auf Sylt; Billigfleisch wird gegessen, als habe Albert Schweitzer nie über die »Ehrfurcht vor dem Leben« geschrieben. Der Glaube, den ich meine, war nie etwas für Menschen, die es sich vor allem bequem machen, die um sich selbst kreisen und sich dem Luxus hingeben. Wer glaubt, jeder sei der Schmied eigenen Reichtums, der verleugnet den, der uns gottesebenbildlich geschaffen hat. Eine freie Wirtschaft favorisiert leider oftmals

Der Glaube, den ich meine, war nie etwas für Menschen, die es sich vor allem bequem machen, die um sich selbst kreisen und sich dem Luxus hingeben

vor allem Hochmut, nicht Demut, schafft Ersatzgötter und negiert Gott.

Für meinen Glauben haben daher die Klöster, nicht aber die bürgerliche Kirche eine tragende Bedeutung. Aber auch die ist vielfältig, Engel wie Teufel. Ich begegne ihr personell mit Wohlwollen und im Hinblick auf ihre Untaten mit gesunder Intoleranz. Wenn, wie in Köln geschehen, ein Kardinal eine Liste mit den Namen von kinderschändenden Priestern vernichtet, aus Gründen des »Datenschutzes«, sollte die Staatsanwaltschaft aktiv werden. Es ist unchristlich, den falschen Männern große Macht zu übertragen. Irren ist menschlich, Fehler sind menschlich – aber aus Fehlern nicht zu lernen, aus Untaten keine Konsequenzen zu ziehen, das ist nicht nur unchristlich, sondern in manchen Fällen ist es schlichtweg kriminell. Straftaten von Kirchenleuten wurden und werden leider so lange mit wirrem, salbungsvollem Gerede ummantelt, bis die Strafverfolgung – intern wie extern – einschläft. Als ich lange erwachsen war, stand in der Regionalzeitung, dass der Pfarrer, in dessen Zeit auch mein Kommunionsunterricht fiel, Kinder missbraucht hatte. Der Schrecken der Kirche, die solche Taten bis heute milde bewertet, geschah unbemerkt hinter meinem Rücken. Ich war ihm nur durch Zufälle entgangen.

Die Distanz zur Institution schützt mich, um nicht an ihr zu verzweifeln. Mein Glaube findet daher seltener im Kirchenraum statt. Der Musiker Nick Cave ging eine Zeit lang erst zum Dealer, holte sich Heroin und sofort danach ging er in den Gottesdienst. Seine Frau riet ihm: Lass das mit der Kirche, das ist zu gefährlich für deine Gesundheit! Die Ironie rettete den großen Mystiker der Rockmusik, die unkreative Zeit der Drogen liegt lange hinter ihm, Texte mit christlichem Bezug schreibt er aber noch immer. Mich inspirieren derartige Geschichten. Ich suche Gott weiterhin außerhalb theologischer Schriften, im Herzen der Kunst. Im Tagebuch der Schriftstellerin Patricia Highsmith, einer homosexuellen Außenseiterin mit Hang zu Geschichten über das Böse, fand ich eine für mich überraschende, aber inspirierende Passage. Sie fasst meine Mission in Worte: *»Ein Schriftsteller sollte nicht denken, dass er sich von anderen Menschen so sehr unterscheidet, denn das ist der Weg zum Elfenbeinturm. Er hat einen bestimmten Teil von sich weiterentwickelt, der in jedem Menschen angelegt ist: das Erkennen, das Niederschreiben. Nur wenn er diese demütige und heroische Tatsache erkennt, kann er das werden, was er sein muss: ein Medium, ein Fenster zwischen Gott auf der einen Seite und dem Menschen auf der anderen.«*

Am Tag nach der Podiumsdiskussion mit dem alten Theologen hörten für mich einige Bücher auf, glanzvoll zu schimmern, und einige Ersatzikonen verwandelten sich wieder in gewöhnliche Menschen.

Jahrelang hatte ich den Wunsch, mit irgendeiner geistvollen und schönen Frau im Hotel zu leben, wie Sartre und Beauvoir, aber inzwischen bin ich froh, eine eigene Küche zu haben. An manchen weltlichen Denkern erkannte ich die egozentrische Manieriertheit, die vermessene Selbstadelung. Sie hielten sich nicht für Sucher, sondern für Götter, aber sie waren keine Fenster zwischen Mensch und Gott. Ihre Werke enthalten vielleicht interessante Thesen, aber am Bett eines Sterbenden verblassen sie. Ich musste anders und noch mal neu anfangen. Nach dem langen Gedankenstrich folgt wieder ein Wort. Damit ist das erste Thema angestimmt, eines meiner zentralen Glaubensmotive ist es, *anzufangen*.

1

ANFANGEN

I. Ganz am Anfang sind wir, siehst du.
Wie vor Allem. Mit
Tausend und einem Traum hinter uns und
ohne Tat.

II. Ich kann mir kein seligeres Wissen denken
als dieses Eine:
daß man ein Beginner werden muß.
Einer der das erste Wort schreibt hinter einen
jahrhundertelangen
Gedankenstrich.

Mit diesen Zeilen aus Rainer Maria Rilkes »Notizen zur Melodie der Dinge« begann ein Brief, der mich im richtigen Augenblick erreichte. Ich hatte gerade die Gedanken und Notizen zum ersten Kapitel geordnet. Die Briefschreiberin konnte nicht wissen, was auf meinem Schreibtisch lag. Meine Gliederung hatte ich noch niemandem gezeigt. Die mir unbekannten »Notizen« finden sich im fünften

Band der Rilke-Ausgabe versteckt, unter weniger zentralen Werken, den kurzen Prosaarbeiten und Rezensionen, »Aufsätze, Anzeigen und Betrachtungen«. Ein Antiquar sandte mir schließlich, achtsam in Papier eingeschlagen, das Buch. Eine von vielen Fügungen meines gläubigen Alltags, einer von vielen Briefen an mich.

Gedichte sind eine komprimierte Darstellungsform, sie enthalten eine Essenz, wirken sinnlich. Schon Kinder lassen sich von Reimen und Liedern beruhigen. Mein Kindergebet war ursprünglich ein romantisches Gedicht von Luise Hensel aus dem 19. Jahrhundert; zwei Strophen daraus bilden das berühmte Liedchen, das auch meine Tochter jeden Abend singt:

Müde bin ich, geh zur Ruh,
schließe meine Augen zu.
Vater, lass die Augen dein
über meinem Bette sein. (…)

Alle, die mir sind verwandt,
Gott, lass ruhn in deiner Hand;
alle Menschen, groß und klein,
sollen dir befohlen sein.

Sie ersetzt »über meinem Bette« durch eine Liste von Namen, unter denen sich auch der ihres Lieblingsstofftiers »Bäri« befindet. Es reicht ihr nicht, dass nur ihr Bett unter dem Schutz Gottes steht; Mutter, Vater, deren Partner und ihr Kuschelbär sollen auch bedacht sein. Das Gebet erzeugt in mir eine Geborgenheit, die mich bis heute ergreift, wenn ich gute Gedichte lese. Meine Fähigkeit, mich ihnen hinzugeben, sie zu spüren, liegt begründet in den ersten Gebeten meiner Kindheit. Und meine Art, Bücher zu lesen, Stellen zu kennzeichnen und hinten die Seitenzahlen zu vermerken, ist noch immer gefärbt vom suchenden Blättern im *Gotteslob*, nur dass ich keinen gelben Textmarker mehr nutze, sondern Bleistift. Wenn ich Menschen sehe, die in Büchern mit Neongelb markieren, muss ich daran zurückdenken. Jedes gute Buch hat für mich den Zauber eines imaginären Goldschnitts meiner Erinnerung; und jeder gute Autor gelangt in Tuchfühlung mit etwas, das die materielle Welt übersteigt. Gut gemachte Bücher sind selige Gegenstände, weil sie mit den Heiligen Schriften verwandt sind. Drei der Weltreligionen sind Buchreligionen. Die erfolgreichsten Blockbuster und TV-Serien beruhen ebenfalls häufig auf Büchern. Das Versenken in literarischen Texten ist eine zentrale europäische Form der Meditation. Meine Tochter, die manchmal Wörter erfindet, wie

Gut gemachte Bücher sind selige Gegenstände

sie sie braucht, bezeichnet innig lesende Menschen als »eingetieft«.

Anders als einen Roman, den man lesend weiter fortsetzt, beginnt ein Gedicht immer wieder von vorn, einfach deshalb, weil es kürzer ist und man es in der Regel bis zu Ende liest. Liest man es noch einmal, erlebt man den Anfang wieder neu – und jedes Mal ein bisschen anders als beim vorherigen Mal. Jeder neue Anfang hat Reiz und Unsicherheit zugleich. Der Anfänger genießt Welpenschutz, er ist voller nervöser Spannung, die Wahrnehmung ist unüblich weit geöffnet. Erster und letzter Eindruck wirken am stärksten, und Gedichte bestehen aus Erst- und Letzteindruck zugleich.

Wer im Straßenverkehr noch neu ist, klebte sich früher einen Aufkleber aufs Auto, »Anfänger«. Er ist noch unsicher, aber bereits unterwegs. Er tastet sich innerhalb des großen Verkehrs teilnehmend in ihn hinein. Als Student lief ich zu den Buchläden, in denen reduzierte »Mängelexemplare« zu bekommen waren; dann ging ich zu einem Café und stöberte in den Neuzugängen. Eines Nachmittags, ich hatte Bücher von Jean-Paul Sartre gefunden, saß ich wieder dort. Ich las mich ein in die inspirierende Aufforderung, die Freiheit zu nutzen. Es gibt schließlich keine humane Alternative, wir sind zur Freiheit verurteilt. Sein kühles Plädoyer für die Eigenverantwortlichkeit und seine Vorstellung von

Engagement steckten mich an. Im Café saßen die üblichen Verdächtigen. Menschen, die einsam sind, und andere, die froh sind, endlich etwas Zeit allein verbringen zu können. Ich bin ein Liebhaber von Wien und seinen Kaffeehäusern. Ein buntes, alltägliches Treiben. Eine Kellnerin brachte mir Espresso und Wein, blieb an meinem Tisch stehen und wandte sich zu ihrer Kollegin, die an der Theke saß. Sie rief durch den großen Raum: »Wann fängst du an?« Der Satz hallte doppeldeutig in mir nach. Ja, wann fange ich mal wieder an?

Ein japanischer Meister hat den Geist des Anfängers in einem Buch beschrieben, ein Klassiker der zen-buddhistischen Literatur. In einer Krise, mein Leben war zum Hamsterkäfig geworden, stieß ich auf Shunryu Suzuki. Eigentlich wurde ich darauf gestoßen, von zwei Männern, mit denen ich seit Jahren abends in einer Bar stand und von denen ich nie erfahren hatte, was sie eigentlich trieben. Der eine war übersät mit Tätowierungen, und ich wusste, dass er Sänger einer Punkband war; den anderen traf man nie ohne Espresso, Zeitung und Zigarette an. Dass beide keinen Alkohol tranken, fiel mir erst später auf. Eines Abends, ich klagte über mein Leben, empfahlen sie mir das Buch von Suzuki. Ich erfuhr schließlich, dass der eine das örtliche Zen-Dojo leitet und der andere eine etablierte Yogaschule. Das hatte ich nicht erwartet. Männer mit religiösen Bezügen hatte ich mir anders vorgestellt. Und vorher hätte ich mir auch nicht vorstellen können, dass Zen-Dojo in der Folge einige Jahre meines Lebens prägen würde. Der Yogalehrer, der jedes Jahr viele Wochen in Indien verbrachte, teils zur weiteren Ausbildung, aber auch als Reisender, nannte mir zum ersten Mal den Namen von Pater Hugo Lassalle, einem Jesuitenpater, der in Japan als Zen-Lehrer ausgebildet worden war. Er brachte die Meditation nach Europa und machte die Menschen mit den strengen Übungstechniken bekannt. In seinem jesuitisch offenen Geist kombinierte er die Geistesruhemeditation mit Texten christlicher Mystik, und in den Praktizierenden entstand so ein innerer interreligiöser Dialog. Ich finde das zeitgemäß. Von islamischen und jüdischen Mystikern, von buddhistischer Praxis und Psychologie ... aus allen Religionen können wir etwas lernen, das uns Gott einen Schritt näherbringt. Dabei geht es nicht darum, alles beliebig so zu mischen, wie es gefällt. Aber eine Begegnung von Praktiken und Texten, die eine starke innere Verbindung haben, bereichert alle.

Die Bücher von Suzuki und Lassalle stehen seit vielen Jahren weit vorn in meinem Bücherregal, immer griffbereit. »Zen-Geist Anfänger-Geist«, schreibe ich von Hand ab. Die Methode des Kopierens hat im ostasiatischen den Charakter eines Gebets. Es ist tätige Anverwandlung der Inhalte. Die Handschrift wirkt auf unseren Geist. Meister Suzuki schreibt: »*Im Anfänger-Geist gibt es viele Möglichkeiten, im Geist des Experten nur wenige.*«

Der Weg führt eben nicht nur, einem Aufstieg gleich, vom unsicheren Laien zum souveränen Experten. Die von Moderne und Kapitalismus geprägte Ideologie suggeriert: Es gibt Karrieren, Aufstiege, Fortschritt, Wachstum und Profitmaximierung. Wir denken zu schnell an einen Weg, der bergauf führt, an »Aufstieg«. Zugleich enthält dieser Weg die Gefahr, sich in gewohnten Bahnen zu bewegen und nur noch fremden Hinweisschildern zu folgen. In der Routine vergessen wir, was wir tun. Und dass es jenseits etablierter Bahnen noch vieles andere gibt. Je mehr wir wissen, desto eher mauern wir uns darin ein, desto stärker denken wir in vorgefertigten Schemata. Im Gespräch mit Kindern, die irgendwann alles hinterfragen und erklärt haben wollen, fällt es einem auf. Als ich mit meiner Tochter im Buchladen war, nahm sie ein Philosophiemagazin aus dem Regal, das ein Porträt von Michel Foucault zeigte. Sie fragte mich, was Philosophie sei. »Du hast das studiert, du musst das wissen.« Ich überlegte und erläuterte, dass diese Berufsgruppe das Denken zum Hauptberuf machen würde und sich den großen, wichtigen Fragen des Lebens widme.

Wir denken zu schnell an einen Weg, der bergauf führt, an »Aufstieg«

Sie sah mich verständnislos an und sagte, das sei doch ganz einfach! »Dafür soll ich lange studieren? Die drei wichtigen Fragen sind: Soll ich dieses Buch kaufen? Wann gehen wir nach Hause? Was essen wir zu Mittag?« Ihre Antworten könnten in einem der Bücher stehen, in denen die Meister auf die abstrakten Fragen mit dem schlichten Verweis auf das antworten, was als Nächstes ansteht. Die Antwort auf die Fragen nach dem Sinn des Lebens lautet dann: Hast du deine Teeschale schon gespült?

Ein Leben ohne Pausen und ohne Genuss hat keinen höheren Sinn

Zum Foto von Foucault meinte meine Tochter, man würde sehen, dass Philosophen *zu viel* nachdenken würden, sie sähen viel zu ernst aus. Ich sagte ihr, dass er als Franzose sicher ein geregeltes Mittagessen, wahrscheinlich mit einem Glas Wein, nicht vergessen hätte – sie war zufrieden und sah zumindest für die französischen Philosophen noch Hoffnung. Ein Leben ohne Pausen und ohne Genuss hat jedenfalls keinen höheren Sinn.

Am Anfang der Entwicklung des menschlichen Denkens steht eine Weisheit, die uns verloren geht. Matthäus erzählt von Jesus, der die Kinder zu sich ruft und sagt: »Wer so klein sein kann wie dieses Kind, der ist im Himmelreich der Größte.« Jeder, der Kontakt zu Kindern hat, weiß um die Weisheit, die von ihnen ausgehen kann. Ich habe die Passage nie psychologisch gelesen. Kinder sind auch grausam, grob, ungeschickt – aber ihr Geist ist der von Anfängern, er ist frisch und gegenwärtig, er hängt nicht an Bewertungen. Geheult wird nur so lange, wie es wehtut – eine Minute später ist alles vorbei, und sie lachen aus vollem Herzen. Diese Fähigkeit führt in den Himmel. Die Welt ist, in abstrakter Sicht, furchtbar – ganz im Gegensatz zum Alltag vieler Menschen, der mehr als passabel ist. Viele Klagegeister sitzen in Friedenszeiten gesund vor einem guten Kaffee und malen sich das Leben schwarz; während Menschen in Not die Hoffnung aufrechterhalten und das Lebenswerte am Leben erkennen.

Männer erfinden ihr Leben gern als Heldengeschichte, die realen Abläufe haben allerdings eine kompliziertere Dramaturgie. Das Leben selbst fügt sich nicht in einer konsistenten Geschichte. Sollte ich mein Leben erzählen, so würde ich nicht das Bild einer aufwärtsführenden Treppe nutzen, sondern sehe mit zahlreichen unsichtbaren Fäden verbundene Neuanfänge. Ein kaum zu durchdringendes Geflecht. Die Neuanfänge sind nicht meine Erfindung, sondern Krisen haben sie begünstigt, Menschen haben mich ermutigt und mich in schweren Phasen der Veränderung gestützt und gestärkt. Vieles erscheint wie eine Reihung von Zufällen, eine Vereinzelung an Episoden, die auf geheimnisvolle Weise zusammenhängen. Verändert man nur ein kleines Detail, das ganze Leben wäre ein anderes. Hätte ich nicht vor Ewigkeiten zufällig einen Fotografen kennengelernt, auf der Lesung eines guten Freundes, hätte ich mit ihm nie zusammengearbeitet, und ich hätte ihm viele Jahre später nicht meinen Roman zukommen lassen. Er hätte dieses Buch nie einem Model in die Hand gedrückt, ein für mich sehr wichtiges Foto geschossen – und ich hätte sie nie kennengelernt. Mit ihr war ein entscheidender, romantisch-existenzialistischer Neuanfang verbunden, auch im Gespräch über unseren christlichen Glauben. Wir waren nicht gerade das keusche Paar, das sich frömmelnde Kleinbürger wünschen. Von diesem Menschen ausgehend habe ich zwei Bücher geschrieben, zum Teil in der Küche im Haus ihrer Großmutter, und ich hätte nie zu einer Offenheit gefunden, die schließlich in mein heutiges, glückliches Leben geführt hat. Meine jetzige Frau erlebte ebenso eine Verkettung von Ereignissen, die schließlich zu unserer Begegnung führte – und die geht aus von einer Reise nach Süddeutschland zu einem gemeinsamen beruflichen Kontakt, von Passagen über eine Jazzbar, die sie in einem meiner Bücher fand. All diese Ereignisse »fielen uns zu« und führten uns zusammen. In solch altmodischen Formulierungen finden sich oft die demütigen Wahrheiten, die sich der Realität annähern. Früher sagte man »mir träumte …«, heute glauben wir »ich träume …«, als könnte jemand selbst die wilde Aufführung auf der Bühne des Unbewussten steuern. Meine Mutter fragt mich, wenn ich auf Reisen bin, ob ich »alles gut angetroffen hätte«! Wir sind im Verlauf dieser Geschichten, die möglich, aber nicht notwendig ablaufen, naive Akteure. Wir sind Beginner angesichts neuer Ereignisse. Der Anfänger weiß, dass alles mit allem verbunden ist, er braucht Stützräder, Schwimmflügel und Mut. Ich bin wahrscheinlich nicht weiter als früher, aber ich bin woanders und auch – Gott sei Dank! – zufriedener. Aber »weiter«?

Wo ein Anfang ist, existiert ein Vorher – und an dieser Schwelle beginnt die Mystik des Themas: Wir können uns weder an den Anfang des eigenen Lebens erinnern – die Gehirnentwicklung verhindert das –, noch wissen wir mit Sicherheit etwas über den Anfang der Welt. Lebenszeit und Weltzeit sind geheimnisvoll verbunden, aber wie der Philosoph Hans Blumenberg schrieb: »*Keine Lebensspanne reicht aus, um die Welt zu erfassen.*«

In den Lebenserinnerungen des russischen Schriftstellers Vladimir Nabokov findet sich eine erhellende Sicht auf unsere eingeschränkte Wahrnehmung. Viele Denker widmen sich dem Tod, sehen ihn als entscheidenden Teil des Lebens. Die Schwelle am Ende des Lebens blockiert den Blick auf den Rest.

Nabokov erwähnt den anderen geheimnisvollen Abgrund, den vor der Geburt – wir gehen nicht nur ins Unbekannte, sondern vor dem Anfang des Lebens liegt ebenfalls etwas: *»Ich weiß jedoch von einem Chronophobiker, den so etwas wie Panik ergriff, als er zum ersten Male einige Amateurfilme sah, die ein paar Wochen vor seiner Geburt aufgenommen worden waren. Er erblickte eine praktisch unveränderte Welt – dasselbe Haus, dieselben Leute –, und dann wurde ihm klar, dass es ihn dort nicht gab und dass niemand sein Fehlen bedauerte. Er sah seine Mutter aus einem Fenster im ersten Stock winken, und diese unvertraute Geste verstörte ihn, als wäre sie irgendein geheimnisvolles Lebewohl.«*

Das Nichts, aus dem wir kommen, kennen wir nicht. Genauer betrachtet wissen wir gar nicht, warum wir da sind. Dieser nebulöse Zusammenhang prägt uns. Und der Brunnen der Vergangenheit ist tief, wie Thomas Mann es in seiner großen Nacherzählung der alttestamentarischen Geschichte von Joseph und seinen Brüdern betont. Das Motiv begegnet mir immer wieder. In den Romanen von Haruki Murakami, der als japanischer Autor sicher weniger durch alttestamentarische Archaik geprägt ist, sitzen die Protagonisten immer wieder sinnierend in einem Brunnen. Im Garten meiner Großeltern war noch ein Brunnen, der mich als Kind faszinierte. Der Brunnen ist eine Metapher, die mich begleitet.

»Der Brunnen der Zeiten erweist sich als ausgelotet, bevor das End- und Anfangsziel erreicht wird, das wir erstreben; die Geschichte des Menschen ist älter als die materielle Welt, die seines Willens Werk ist, älter als das Leben, das auf seinem Willen steht«, schreibt Thomas Mann.

Von der unergründlichen Tiefe überfordert erdichten wir Weltanfang, Geburt des Menschen und den Anfang von Liebesbeziehungen als Schöpfungsmythen. Was wir nicht fassen können, wird in Erzählungen und Symbolen fassbar gemacht. Die sind die Brücke zwischen Welt und Überweltlichem. Es gibt einiges auf dem Markt der Mythen; und wenn wir uns in einem bestimmten Bild bewegen, hat das Folgen für unsere ganze Existenz. Das sehen wir deutlich in den Irrlehren und Verwirrungen; auch die Bibel nutzen einige Menschen als Grundlage ihrer nebulösen Esoterik. Sie reden sich ein, Gott sei ein weißer alter Mann, der mit Jesus einen weißen, »arischen« Kerl auf die Erde geschickt hat. Juden (Indianer oder Schwarze) hätten ihn getötet – und wer diese Erzählung glaubt, der ist so verliebt in seine Schnellfeuerwaffen, dass er sie gleich mit in den Gottesdienst nimmt. Ich sah dies auf einem eindrücklichen Foto rechtsradikaler US-Amerikaner. Es wird diese Variante fundamentalistischer Religionspervertierer in

Wenn wir uns in einem bestimmten Bild bewegen, hat das Folgen für unsere ganze Existenz

jedem Kulturkreis geben. Diese Menschen sind angezogen von »der Starre der Steine«, wie Jean-Paul Sartre es nannte. Sie sind erfahrungsunfähig, sie greifen zur Gewalt, weil ihnen jeder Anfang als Untergang erscheint. Diese Starre ist nicht spezifisch religiös. Sie begründet sich neben ihrer Psychologie in der Offenheit von religiösen Texten. Russische, koreanische und chinesische Diktatoren bezogen sich auf die Werke eines deutschen Philosophen – Karl Marx – und leiteten aus seiner Kritik am raubtierhaften Frühkapitalismus ab, Millionen Menschen zu ermorden. Adolf Eichmann berief sich auf Immanuel Kant, Charles Manson auf die Beatles, Selbstmordattentäter auf den Koran, die Inquisition auf die Bibel.

Kein Text, ob profan oder heilig, ist geschützt vor pervertierten Lesarten; die Anhänger der Irrlehren verdoppeln gern ihre Anstrengung und vergessen die ursprünglichen Ziele. Wir sind für jeden Schöpfungsmythos und jeden Anfang verantwortlich, weil aus seinem Erzählzusammenhang etwas hervorgeht, das Handlungen begründet. Ein Glaube, der die Heiligen Schriften in radikaler Weise deutet und der hasserfüllt die zentralen ethischen Regeln von Liebe und Geboten ignoriert, ist für mich abstoßend. »Wahrer Glaube führt in die Freiheit«, sagte mir die Pfarrerin Anne Helene Kratzert. Dieser Satz hat sich mir bleibend positiv eingeprägt. Und dennoch gibt es auch aus meiner Glaubensperspektive klare Grenzen. Egal mit welcher Anstrengung argumentiert wird, der Satz »Du sollst nicht töten« oder das Gebot zur Nächstenliebe sind in Stein gemeißelt. Wer andere tötet, verstößt dagegen. Er bricht den Bund, und am Ende des Lebens wird er nach seinen Untaten und nach seiner Liebe gefragt werden. Es ist nie zu spät, das Gewehr zur Seite zu legen und sich lieber ein gutes Buch zu nehmen.

Der Anfang des Alten Testaments hat mich immer beeindruckt. Gott macht sich einige Tage an die Arbeit und stattet die Welt mit Unterscheidungen aus. Nur durch die Differenz des einen vom anderen entsteht die Welt, die wir sehen. Tag und Nacht, Meer und Land, Tiere und Menschen, Mann und Frau. Am letzten Tag der Woche hält er inne; jede Schöpfung kennt seither Pausen. Der Mensch entstand, in der Form von zwei Geschlechtern, wie sie noch heute die Biologie unterscheidet, und diese Wesen sind Gott »ebenbildlich«. Gott muss androgyner Natur sein. Wir sind, bei aller Fehlbarkeit, auch Spiegelbilder eines höheren schöpferischen Wesens. Ich finde das eine motivierende Geschichte. Sie verleiht Kraft, fordert zur Schöpfung auf – und zum Pausemachen. Dieser Schöpfungsmythos kann, wie viele biblische Erzählungen, Mut verleihen. Der Text fordert dazu auf, etwas in die Welt zu

Wir sind, bei aller Fehlbarkeit, auch Spiegelbilder eines höheren schöpferischen Wesens

bringen, was wir – und er – am Ende *für gut* befinden. Destruktive Ideen oder Handlungen sind daher keine »Schöpfung«. Es ist eine gute Botschaft: Die Augen morgens aufschlagen und ein kleiner Gott auf dem Weg zur Arbeit sein! Kein großer, aber ihm zumindest potenziell ähnlich. Wir haben die Möglichkeit, diese Welt zu beschreiben, wahrzunehmen und sie zu formen. Jede Handlung ist tendenziell für die Schöpfung förderlich oder hinderlich. Jedes gesprochene Wort ist heilsam oder destruktiv. Während Gott Meer und Land trennt, genügt im Alltag manchmal ein freundliches unerwartetes Wort an einen Fremden. Und auch das trennt Welten! Bei Marc Aurel fand ich eine Passage, die meine Morgenstimmung beschreibt: *»Stehest du des Morgens ungerne auf, so ermuntere dich durch den Gedanken: ›Ich erwache zum Werke des Menschen.‹ Soll ich nun mit Unwillen daran gehen, das zu tun, weshalb ich geboren, wozu ich in die Welt gekommen bin?«*

Auch ich bin manchmal müde, aber meist selbst verschuldet. Den Morgen als Anfang zu sehen, als neue Chance, macht ihn zu etwas ziemlich Erfreulichem. Der Wecker klingelt, ich werde wach und bin guter Laune! Und wenn ich das Spiel um die gute Stimmung mal verloren habe, ist das nicht so schlimm: Jeden Morgen beginnt ein neues, jeder Morgen bietet eine neue Chance. Wir bilden uns ein zu wissen, was der Tag bringt. Aber das tun wir nur auf eine sehr oberflächliche Weise. Niemand verliert unendlich oft hintereinander.

Im Buddhismus stellt man sich das Leben als Zyklus von Wiedergeburten vor, aber das betrifft nicht nur den Neubeginn nach dem Tod – es meint auf einer kleineren und viel wichtigeren Ebene: Jeden Morgen werden wir wieder geboren, wieder aus dem Paradies vertrieben, wieder auf Passion geschickt. Jeden Tag können wir die Richtung unserer Geschichte ändern. Diese Wiedergeburt ist bedeutender, weil wir uns selbst aus dem Sumpf ziehen können. Wenn es misslingt, haben wir morgen die nächste Chance. Und übermorgen. Ob nach dem Tod nicht mehr, davor möchte ich nicht zu viel Angst entwickeln, weil ich nicht weiß, was dann kommt. Schließlich habe ich auch keine Angst vor der Zeit, die vor meiner Geburt lag. Ich hänge einer Religion an, die die Hoffnung als Kardinaltugend formuliert hat. Ohne Hoffnung kein Anfang. Von ihr geht die Energie aus, die wir benötigen, um überhaupt anzufangen. Für mich als Christ kommt jedenfalls am nächsten Tag und auch nach dem Tod etwas Neues. Der nächtliche Schlaf bringt uns kurz in den Kontakt mit dem Universum, aber am nächsten Morgen werden wir wieder auf diese Erde, in unser Leben versetzt, und es geht von Neuem los. Jeder neue Tag und der Tod werden jedenfalls ein Anfang sein, eine Geburt.

Der nächtliche Schlaf bringt uns kurz in den Kontakt mit dem Universum

Den letzten Tag kennen wir nicht, den nächsten Morgen meinen wir viel zu sehr zu kennen. An dem Tag, an dem man erwacht und es ist nicht irgendetwas, weiß man, dass man tot ist. Vielleicht haben mich deshalb die Romane von Franz Kafka immer angezogen und gewarnt. Weiß ich, ob ich nicht morgen als Käfer erwache? Oder von unsichtbarer Hand verurteilt?

Einen neuen Weg gehen, neue Kleidung, einen neuen Job beginnen, neue Menschen kennenlernen oder dasselbe neu sehen – die Welt ist, auch außerhalb des Paradieses, gut ausgestattet. Ein neues Buch anzufangen ist eine magische Angelegenheit. Welt und Menschen sind nicht »perfekt«, aber dieser Zustand existiert generell nur als Fantasie, die der Teufel uns eingepflanzt hat. Sie führt ausschließlich in Unglück und Untätigkeit. Um mich dem unperfekten Alltag, den ich nicht kenne, hinzugeben, dafür bin ich in die Welt geschickt. Der Künstler Andy Warhol glaubte, geboren zu werden sei wie entführt zu werden. Für mich hat Gott diese Entführung angezettelt. (Was man unter Gott exakt versteht, für diesen »Kleinkram« interessiere ich mich wenig.) An manchen Tagen erfüllt mich die Entführung in mein Leben, an anderen nicht. Dieser Wurf in meine Welt jedenfalls erfindet in gewisser Weise die *Zeit* unserer westlichen Kultur. Gott schafft die Welt in einer Woche, dann wird er zu einer Art

Motor der Ereignisse, das Alte Testament etabliert die Vorstellung einer Angetriebenheit, eines Fortgangs der Ereignisse. Er wirkt in dieser Geschichte, erzeugt sie in gewisser Weise. Das Paradies war vollendet, die Welt ist es nicht. Der Philosoph Blaise Pascal suchte die Gründe im Alltag: »*Das ganze Unglück der Menschen rührt allein daher, dass sie nicht ruhig in einem Zimmer zu bleiben vermögen.*«

Nur der konzentrierte Geist ist frei

Der Satz wirkt in Zeiten von Homeoffice, Onlineexistenz, Hikikomori, Vereinsamung und aus dem stillen Kämmerlein heraus auf virtuellen Wegen verbreitetem Hass zwar nicht ganz aktuell. Aber es treibt uns dennoch hinaus; wir gestalten unsere Umwelt: Wir überziehen sie nicht nur mit der Fortschreibung von Tradition, sondern auch mit Neuanfängen. Geist und Welt sind voller Unrast. Daher nutzen Mönche und Nonnen aller Religionen ihre Übungstechniken, um Geistesruhe zu kultivieren. Nur die führt zu klarer Sicht, aus der Fähigkeit zur Konzentration geht eine spezifische, reine Energie hervor. Nur der konzentrierte Geist ist frei. Obwohl ich mir wünsche, dass die Menschen, die diese Welt hässlich und böse machen, einfach zu Hause blieben, bin ich nicht gänzlich Pascals Meinung. Neben dem Rückzug bedarf es der Menschen, die *hinausgehen* und die Welt aktiv gestalten. Ich habe eine persönliche Vision der Kunstschaffenden: Sie sollten ihre Fähigkeiten aufwenden, um die Welt zu verschönern, sie mit antiaggressiven Kunstwerken bereichern und damit heilsamer machen. Damit ist nicht Überzuckerung oder das Ausblenden von Schrecken gemeint; sondern die Kunst, den Menschen die Augen zu öffnen – für die Schönheit der Schöpfung, für die Realität der Sterblichkeit, für die Aufgaben, die wir haben, solange wir auf der Erde sind. Angesichts der Schrecken und Bedrohungen unserer Zeit gibt es genug zu tun. Nicht umsonst nannte man früher den Teufel den »Prüfer« – das Unrecht ist eine laufende Prüfung für alle schöpferischen Menschen.

Wir sind aus dem Paradies vertrieben, aber das war kein Platzverweis in die Hölle, sondern Gott hat dem Menschen nur die Verantwortung für seine Schöpfung außerhalb eines perfekten Gartens übertragen. Wir müssen selbst sehen, was wir daraus machen. Meine Frage war daher nie: Warum richtet Gott die Welt so ein, warum lässt er Unrecht zu? Gott hat das Paradies wahrscheinlich ganz passabel ausgestattet, und der Teufel hatte keinen Zutritt, aber nun sind wir selbst an der Reihe. Die Welt, an der wir leiden, ist Menschenwerk; und wir sind nichts anderes als Sozialarbeiter in einer Welt außerhalb eines perfekten Gartens. In einer Sammlung ignatianischer Maximen von 1705 findet sich eine hilfreiche Formulierung des Jesuiten Gabriel

Hevenesi: »*Vertraue so auf Gott, als ob der Erfolg der Dinge ganz von dir, nicht von Gott abhinge; wende dennoch alle Mühe so an, als ob du nichts, Gott allein alles tun werde.*«

Der Spruch hängt über meinem Schreibtisch, er erinnert daran, dass es meine Verantwortung ist, ob ich beginne, ob ich die Sachen in die Hand nehme. Der Gedanke enthält einen kräftigen Impuls, es hängt von mir ab – und zugleich geht er der Gefahr einer neoliberalen Ideologie aus dem Weg, die Menschen mit Göttern verwechselt; es ist eben nicht jeder seines Glückes Schmied! Die nötige Gleichmut, dass ich eben nicht weiß, was aus all meinen Anstrengungen wird, ermöglicht eine wohldosierte Distanz zu meiner Arbeit. Nur durch diesen Abstand wird verhindert, dass ich mich destruktiv in einer Tätigkeit aufgebe, statt mich ihr hinzugeben. Wer sich hingibt, schöpft aus guten Quellen und hat endlose Energie; wer sich aufgibt, verbrennt. Ich greife zum Stift, ich versuche mich am nächsten Text, Übung und Handwerk helfen, Disziplin hilft – aber über den Erfolg, den größeren Zusammenhang, entscheide nicht ich. Die amerikanische Schriftstellerin Julia Cameron schrieb, der Kreative habe nur Einfluss auf die *Quantität* – er kann sich hinsetzen und hart arbeiten – der Einfluss auf die *Qualität* liege hingegen bei Gott.

Wer sich hingibt, schöpft aus guten Quellen und hat endlose Energie

Diese Sicht auf den Prozess menschlicher Schöpfung treibt mich an, und er nimmt den Druck von mir. Ich tue, was ich kann, ich kann rudern und das Boot ein Stück den Fluss aufwärts bringen; aber ob ich im richtigen Moment die Segel setze, ob ich es auf den richtigen Weg lenke, dies steht im Kontext eines größeren Zusammenhangs.

Selbst die Irrwege, Untiefen und Sackgassen sind zum nicht geringen Teil das Ergebnis unseres wirren Geistes, der unbedachte und böse Taten nach sich zieht. In Bezug auf den Teufel bin ich mir unsicher. Da ich an Engel glaube, wäre es zu einfach, den Teufel zu ignorieren. Der polnische Religionsphilosoph Leszek Koławowski berichtet von einer »metaphysischen Pressekonferenz«, die der Teufel abhält. Er gibt zu Protokoll: *»Ich überlege mir, wie es kommt, dass immer und in jedem Fall ich das erste Opfer bin, sobald der Unglaube um sich zu greifen beginnt.«*

Die Menschen verlieren nicht zuerst den Glauben an Gott; zuerst, noch vor Nietzsche, galt: Der Teufel ist tot, und wir haben ihn getötet. Ich habe nichts dagegen. Vielleicht tritt der Gehörnte heute, außerhalb von Black Metal, Satanismus und Horrorfilmen, als Eingriff in die Zeit auf, als *Beschleunigung,* die uns krank macht. Eine immer kürzere Konzentrationsspanne vernebelt den Geist, verhindert den Zugang zur Intuition. Die Wahrnehmung im 15-Sekunden-Takt schafft keine Energie. Wenn Gott in der Zeit und Geschichte wirkt, dann ist es eine naheliegende Idee, diese Wirkung zu pervertieren. Ich bin mir, für mich persönlich, jedenfalls sicher, dass der Teufel ein Bedenkenträger, ein Bremser und Zeitzerstückler ist. Denk nicht nach! Lies nicht nach! Halt nicht inne! Fang nicht neu an! So bleibt das Leben ein jahrhundertelanger Gedankenstrich, und KEIN WORT folgt, aber es sollte folgen. Das Johannesevangelium beginnt:

»Im Anfang war das Wort, und das Wort war bei Gott, und Gott war das Wort. Dasselbe war im Anfang bei Gott. Alle Dinge sind durch dasselbe gemacht, und ohne dasselbe ist nichts gemacht, was gemacht ist. In ihm war das Leben, und das Leben war das Licht der Menschen. Und das Licht scheint in der Finsternis, und die Finsternis hat's nicht ergriffen.«

Der Teufel, wenn es ihn gibt, bevorzugt eine unheilige Stille, wortloses Leiden. Bleib zu Hause, sei zufrieden, beginne nichts. Die Zeit steht still, du kannst nichts tun, du bist nur Opfer der Umstände. Die Vorstellung des Teufels als Henker mit mittelalterlichen Folterinstrumenten ist zu einfach und führt dazu, ihn zu unterschätzen. Er geht subtiler vor, aber was versteht man darunter überhaupt? Die beste Antwort darauf gab ein Kirchenvater, Augustinus:

»Wenn niemand mich danach fragt, weiß ich's, will ich's aber einem Fragenden erklären, weiß ich's nicht.«

Ohne die Zeit gibt es keine Anfänge. Aber es geht nicht um das, was chronologisch verläuft, messbar ist und in der Schweiz zu begehrten Meisterwerken chronometrischer Uhrmacherkunst geführt hat. Neben *chronos,* der quantitativen Zeit, wird in der Bibel häufiger *kairos* erwähnt – die qualitative Zeit. *»Es ist der ergreifende Augenblick, auf den ich mich einlasse, in dem ich ganz da bin«,* schreibt der Benediktiner Anselm Grün, *»der günstige Augenblick, die willkommene Zeit.«* Also das Stück Schokolade, nicht die Armbanduhr. Dass alles seine Zeit habe, lässt sich also mehrfach durchdenken. Diese qualitative Zeit hat nur indirekt einen konkreten Zeitpunkt. Man mag das Datum über einen Tagebucheintrag schreiben, aber Ortsangabe und vor allem der Inhalt haben eine größere Bedeutung. Wichtig ist, überhaupt anzufangen, den Augenblick zu ergreifen. Nicht anzufangen, sich abhalten zu lassen, nicht ergriffen werden – brütet die Pest aus.

Einer meiner Neuanfänge war medialer Natur und ging aus meinem kindlichen, allabendlichen Blättern im goldschnittigen *Gotteslob* hervor: Etwas später, aber besser als gar nicht, begann ich zu lesen. Ich versuchte, auf dem digitalen Radiowecker mit den roten Ziffern immer auf meine Lieblingsuhr-

STILLE

Sie befreit uns vom Lärm der Welt, sie ist der Grundzustand des Universums, das Grundelement aller sprachlichen Schönheit und rhythmischer Finesse. Das erste Wort wird in die Stille gesprochen. Stille ist der entscheidende Raum zwischen Gedanken und zwischen den Ereignissen. Stille gehört zu den Grundrechten denkender Menschen, sie ist die Quelle schöpferischen Handelns. Ihre Kinder sind die Ungestörtheit und die Geistesruhe.
Die äußere Stille bedarf geschützter Räume, die innere bedarf der Übung. Innere Stille ist eine Form des Gebets, und äußere Stille gehört seit der Moderne zum Weltkulturerbe. Die Fähigkeit, still zu sein, gehört zu den höchsten Formen persönlicher Reife. Gebildete Menschen sind im rechten Augenblick still. Im religiösen Sinne ist das Gegenteil der Stille nicht der Lärm, sondern bösartiges Gerede. Es gibt heilige Wut, aber niemals heiligen Lärm.

zeit zu warten: 22:22 Uhr. Selten nur schaffte ich das und schlief über dem Buch ein. Der naive Kinderglaube mündete in der beginnenden Kunst zu lesen, und das radikalisierte sich, als ich etwa 20 Jahre alt war. Der nächste Neuanfang, als junger Erwachsener, verlief entlang einer naiven Protestidee. Lesen statt Fernsehen, Tischtennis statt Computerspiele, Eishockey statt Fußball.

Das Elend der Welt hat sicher viele abstrakte Gründe, aber ich war auf der Suche nach den alltäglichen, den konkreten Verursachern. Die Umweltverschmutzung beruhte auf dem männlichen Kult ums Auto, also verkaufte ich mein Auto. Die soldatische Männlichkeit begründete das Gewaltproblem, von Kriegen bis zur häuslichen Gewalt, also leistete ich Zivildienst, ließ mir die Haare lang wachsen, trug Ohrringe und lackierte mir die Nägel. Die Trägheit und angepasste Passivität der Masse war begründet durch den Fernseher und durch Rauschmittel, also verkaufte ich den Fernseher und nahm keine Drogen. Als ich bemerkte, dass sich in meinem alternativen Milieu, das sich antibürgerlich gab, nichts außer Drogenkonsum tat, schnitt ich die Haare wieder kurz und kaufte ein Sakko. Tierquälerei, ungesunde Ernährung und ökologische Probleme gehen von billigem Massentierhaltungsfleisch aus, also wurde ich Vegetarier. (Mein Vater behauptet seit 30 Jahren, dies sei nur

»eine vorübergehende Phase«.) Ich wollte nicht durch idealistisches Fabulieren, sondern durch konkrete Handlungen die destruktiven Ausprägungen der Gegenwart bekämpfen. Ich entschied mich fürs Nicht-Mitmachen: ich nicht! Ich überlegte, wem ich mein Geld gab und wem nicht; Konsum lässt sich nicht verhindern, aber steuern.

Diese Entscheidungen prägten mein Leben und waren durchgängig begründet durch christliche Werte: Albert Schweitzer hatte mich zum Vegetarier gemacht, die Schönheit der Schöpfung verlangte nach Umweltschutz. Der Mensch hat nicht das Recht, diese Schöpfung zu verhunzen. Es waren deutliche Neuanfänge: Das Leben ohne Auto war gewöhnungsbedürftig. Das schlechte Gewissen der Fleischesser, die sich provoziert fühlten, weil ich von ihnen nichts verlangte und nicht moralisierte, führte zu nervigen Situationen. Mein sich langsam anders zusammensetzendes Wissen, weil ich die Zeitung, Bücher und Radio vorzog, statt mich mit Raab, MTV und Konsorten zu beschäftigen, führte zu neuen Berufswünschen. Plattenläden statt Musikfernsehen, Job im Buchladen statt »Abhängen«, Zivildienst in der Psychiatrie statt Wehrdienst. In der Summe Entscheidungen, die ich – es klingt seltsam – ohne Gebete nicht gewagt und durchgehalten hätte. Ich kannte kaum Leute, die ähnlich dachten; ich kannte beinahe niemanden, mit dem ich über meinen Glauben reden konnte. Ich war allein, hatte aber durch die Gebete ein Gegenüber. Und ich hatte Bücher, die Außenseitern eine Heimat anboten, und Rockmusik, die Ähnliches suggerierte. It's a long way to the top if you wanna rock 'n' roll.

Das Beten hat mich nie verlassen und AC/DC auch nicht. Morgens und abends, einfach nur das *Vaterunser,* kein Chichi. Es sagt alles und ist, vom Inhalt her, lebenslange Herausforderung. Hinzu kam, im Rahmen meiner späteren jesuitischen Zen-Praxis, die morgendliche Ausrichtung auf den Tag:

Eins mit Gott,
dem Urgrund allen Lebens,
diene ich der Menschheit,
der Erde und dem Kosmos.

Mit liebendem Herzen setze ich mich ein
für Gerechtigkeit und Frieden in mir,
in meinen Beziehungen und in der Welt,
sowie für die Bewahrung der Schöpfung.

Ich richte mich aus
auf die Ergänzung und Partnerschaft
zwischen Frau und Mann,
zwischen Religionen und Kulturen,
zwischen Technik und Natur.

Ich bin bereit,
in Verantwortung für kommende Generationen
den Weg des Erwachens zu gehen,
die Mühsal des Wachsens anzunehmen
und wahrhaft liebend zu werden.

Göttlicher Urgrund,
lass mich erfahren,
dass dein ICH BIN
mein Ich bin ist.

Auf den Schweige-Retreats der christlichen *via-integralis*-Schule wird es am frühen Morgen gesprochen, vor dem ersten Zazen, der üblichen Geistesruhemeditation. Etwa zehn Jahre bestimmte die karge tägliche Zen-Meditation, gerahmt von christlichen Texten, meinen Tagesstart. Ich saß also zweimal 35 Minuten vor einer weißen Wand, zählte mein Atmen oder wiederholte einen Begriff (zum Beispiel Teresa von Ávilas »Nada«). Wer dies praktiziert, der kann weder vor seinen Gedanken noch vor sich selbst weglaufen. Die Wiederholung macht es nicht zur Routine, sondern verleiht ihm vertiefende Kraft. Die Kraft der Anfänge liegt in der Tiefe. In der Geschichte des Lesens wurden gerade die Heiligen Texte immer wiederholend rezipiert und für die Meditation genutzt. Man las nicht nur einmal und legte das Buch zur Seite. In Bezug auf Gebete zählt nicht, ob und wie viele man schon kennt. Aber wie wirkt dieses Gebet, wenn man es zum 20 000sten Mal sagt und versucht, es so zu sprechen, als spräche man es zum ersten Mal? Auch die Wiederholung steht im Bezug zur Zeit, ist ein variierender, zyklischer Umgang mit Anfang und Ende.

GEBET

Das Gebet ist der notwendige Weg nach innen, um nicht nur um sich selbst zu kreisen. Beten ist regelmäßige Einkehr und erinnert uns zugleich an die Wanderschaft im irdischen Leben. Egal wie einsam wir werden, für den Glaubenden wird ein Gesprächspartner bleiben: Gebete sind Briefe an oder Gespräche mit Jesus, der ein Stück Himmel auf die Erde gebracht hat.

Das Gebet lebt durch lebenslängliche Wiederholung. Es gibt dem Tag eine zeitliche Ordnung, es bildet die innere Klosterregel und hat Resonanz in einem unüberschaubaren großen Raum. Mit dem Gebet verbinden wir uns nicht nur mit dem Himmel, sondern auch mit allen Menschen, die Gott anrufen. Kein Gebet im Leben ist vergebens! Gebete sind das einzige Medium, welches zugleich Teil der Sozial- und Intimsphäre sein kann. Wer beten kann, führt daher ein besseres Leben – er verbindet außen und innen, oben und unten.

Beginnen zu lesen, beginnen zu beten oder zu meditieren. Mehr Musik hören, da der Fernseher fehlt. Wiederholender lesen und hören, weil man sich nicht laufend Neues leisten kann. Das Anfangen muss etwas sein, das uns gewährt wird, auch wenn wir es selbst tun. Ich bin für jeden Anfang dankbar. *Kairos* stelle ich mir manchmal als personalisierten Gott vor, ich mag die antike Vorstellung ihrer Anwesenheit; ich mag, was der Schriftsteller Neil Gaiman in Romanen und Comics aus den Göttern macht. Sie werden zu einer personifizierten Gegenwart, sie kämpfen gegen die, die sie abschaffen wollen. Sie haben Fehler, aber sind insgesamt angenehmer und menschlicher als die neumodischen Ersatzgötter. Aber auch *Chronos* ist anwesend und Teil jedes Anfangs: Unsere westliche Kultur beginnt im Jahre null. Die christliche Zeitordnung ist so präsent, dass wir alles andere »vor Christus« nennen. Das muss eine Bedeutung haben.

Unser Jahr beginnt, und dann läuft es auf Weihnachten zu, das Fest ist mit den typischen Gerüchen und Gefühlen erneut ein Verweis auf die Kindheit. Ich war immer ein großer Fan der Adventszeit, bastle bis heute Adventskalender. Letztes Jahr habe ich jeden Tag bis zum 24. Dezember einen Brief verschickt, ein Adventskalender für andere. Ein Jahr habe ich, zusammen mit meiner damaligen Freundin, das komplette Monatsgehalt an das *Caritas Therapiezentrum für Menschen nach Folter und Flucht* gespendet. Fast jedes Jahr schreibe ich etwas über das problematische Weihnachtsfest, das die Nerven blank legt und Sehnsüchte zutage fördert. Wir erinnern die Ankunft, die Geburt eines wichtigen Menschen – und das macht, bis heute, nervös und hypersensibel. Ich habe Weihnachten meist bei meinen Eltern verbringen können, aber auch in Bars oder ein Jahr sogar ganz allein.

Mir ist auch die Zeit zwischen Aschermittwoch und Ostern ein wichtiger Abschnitt. Die Fastenzeit habe ich auch immer besonders gestaltet: manchmal mit radikalen Ideen, manchmal etwas einfacher. Jedenfalls habe ich in dieser Zeit immer ein Projekt umgesetzt. 40 Tage vegan, 40 Tage ohne Alkohol oder 40 Tage ohne Industriezucker, 40 Tage jeden Tag einen Spaziergang. Es gibt viele Ideen, aber ohne die konkrete christliche Zeitordnung hätten sie keinen Rahmen und wären auch ohne Bedeutung, die über mich hinaus ginge.

Wenn sogar Gott eine Pause brauchte, möchte ich nicht so tun, als käme ich ohne aus

Sonntage sind mir heilig. Sie sind der Tag, an dem wir ruhen sollen. Wenn sogar Gott eine Pause brauchte, möchte ich nicht so tun, als käme ich ohne aus. Diese christliche Zeitordnung durchdringt unsere Kultur, prägt unser Leben. Dass der Teufel den Sonntag (und Pausen generell) abschaffen will, liegt auf der Hand. Die Zeitordnung erzeugt den Rhythmus, ohne den das Leben verkümmert. Viele psychische Störungen sind Rhythmus- und Zeitstörungen. Rhythmus ist die Grundlage für die Musik, neben der Melodie (die »Melodie der Dinge«, wie Rilke sie nannte); ohne Rhythmus weder Gedicht noch Musik, weder Malerei noch Tanz. Die Neuanfänge, die uns Stufen in der Zeit des Lebenslaufs markieren, rhythmisieren die Biografie. Der Rhythmus erzeugt den Klang des eigenen Lebens, er verweist auf ein Thema, das ohne Gott für mich nicht verständlich werden kann – auf die *Schönheit*. Sie ist die Sache, die über mich hinaus geht. Patricia Highsmith notierte 1944 in ihr Tagebuch: *»Der Mensch ist ohne einen Gott nicht das Geringste wert. Dieser Gott kann eine Frau sein, eine Inspiration, eine Ambition, ein Fetisch, eine Passion, durch Zeremonie und Selbstverleugnung geregelt, aber wenn der Mensch sich nicht bewusst oder unbewusst nach etwas richtet, einer Sache dient, die größer ist als er selbst, ist er weniger erhaben als sein eigener Hund.«*

Mir ist lieber, wenn ich mich *bewusst* nach etwas richte. Wer nicht weiß, wem er dient, bleibt orientierungslos. Er schafft sich Ersatzgötter oder hält sich selbst für den Messias (was ihn zum Tyrannen macht). Ich glaube, wir sind nicht gänzlich alleingelassen; Gott selbst und die Schönheit, die er durch eine Tür zu den Menschen in die Welt bringt, sind da. Diese Schönheit ist sichtbar, fühlbar und hörbar. Jeder Tag enthält das Potenzial, in der Schönheit die Anwesenheit zu spüren.

2

SCHÖNHEIT ALS SICHTBARE LIEBE

Die Recherche zu meinem Essay »Die Form der Schönheit« hat mich in Jazzkneipen, aber auch in Klöster geführt. Pater Jonas, der das *Haus der Stille* im Benediktinerkloster in Meschede im Sauerland leitet, empfängt mich zum Tee. Die moderne Architektur im Exerzitienhaus bricht mit heimeligen Klischees, entlang derer wir uns Klöster gern vorstellen. Viele erwarten eine Welt, die sich in der Verfilmung von Umberto Ecos *Der Name der Rose* zeigt. In Meschede ist es angenehm anders: Gegenwart statt Nostalgie, ein Gott von heute, nicht der des Mittelalters. Große Fenster geben den Blick frei auf einen über hundert Jahre alten Obstgarten, in dem die Mönche verschiedene Apfelbäume angepflanzt haben, jeder eine andere Sorte. Konfrontiert mit dem kargen Grau findet sich an unerwarteter Stelle ein kleines Metallkreuz, nichts sonst. Hier spricht die Stille auch visuell. Pater Jonas, den ich nach der Bedeutung der Schönheit befrage, erklärt mir, dass Jesus in der Bibel auch als »schöner Hirte«, als schöner Mann beschrieben wird. Durchaus im heutigen

Sinne von Attraktivität. Jesus war eine Erscheinung, und ich stelle ihn mir gern als achtsamen, revolutionären Playboy vor, mit gutem Geschmack und guten Gesten, mit schöner und besonderer Physiognomie. In diesen Mann verliebte sich jeder! Die kunstgeschichtlichen Meisterwerke zeigen Jesus in seinem überweltlichen Charakter als Gottessohn, je nach Epoche eindringlich oder verkitscht; sie zeigen ihn selten als Mann, als gut aussehenden Kerl. Aber warum eigentlich nicht? Liest man die Texte der großen Mystikerinnen, hatten diese Frauen durchaus eine innige Beziehung zu ihm; in ihrer zeitlich fernen Sprache und präromantischen Schwärmerei klingen sie bis ins Anzügliche hinein. Die christliche Kultur hat aus der Religion der Liebe das Sexuelle schnell als moralisch verwerflich, sogar als sündhaft, herausmanövriert. Aber ich bin mir sicher, dass es zur Wirkungszeit des Messias selbst noch nicht so war. In der Antike, durch die das biblische Personal wandert, war der »Gebrauch der Lüste« noch nicht strikt normiert und mit Moral vermint. Ende der 1960er-Jahre zeigt der legendäre Werbegrafiker Charles Wilp Afri-Cola trinkende Models, als laszive Nonnen verkleidet. Bei genauerem Blick geht es dabei nicht gotteslästerlich zu; Wilp folgt nur einem anderen Konzept christlicher Nächstenliebe. Frauen, die sich mit einem anziehenden Jesus

Die christliche Kultur hat aus der Religion der Liebe das Sexuelle schnell als moralisch verwerflich, sogar als sündhaft, herausmanövriert

»vermählen« (so der alte Sprachgebrauch), können Eifersucht – und natürlich Begierden – wecken, zumindest in der fiktionalen Welt von Kunst und Werbung. Man kann aus der Schönheit alles Sinnliche entfernen und ein vages, vergeistigtes Gespinst bleibt übrig, über das wir zwar nachgrübeln, es aber nicht berühren können. Das raunt uns in sinnierenden Blicken prüder Museumsgänger entgegen – aber mit dem Alltag von Liebe und Schönheit hat es wenig zu tun. Die Liebe enthält auch – nicht nur – Sinneslust, Erotik, erfüllte und unerfüllte Begierden. Die christliche Lebenskultur kennt nicht nur Frühmesse und Morgengebet, sondern auch Morgensex. Der sinnliche Akt ist jedenfalls etwas, das friedvoller macht. Nicht die Begierde ist eine Gefahr, sondern die destruktiven Varianten, sie auszuleben. In der Einvernehmlichkeit liegt das Geheimnis des Heilsamen.

Motiviert von dem Gedanken, die körperliche Liebe nicht nur als Teil einer hedonistischen Kultur, sondern als eine der schönsten Hauptsachen der Schöpfung zu sehen, treffe ich den Priester Wolfgang Metz. Er hatte mir eines seiner Bücher geschickt: *Notwendige Unruhe. Über Kirche, Sexualität und Freiheit.* Sein Buch enthält Fragmente, Gedanken und Thesen zu einem Thema, das noch immer viele erröten lässt. Wir sitzen mit Kaffee in meinem Wohn-Schreib-Zimmer auf St. Pauli unter einer

Reihe Pin-up-Fotos, die meine Wände dort schmücken. Er erzählt mir, dass sie an der Universität Tübingen eine Veranstaltung angeboten hätten unter dem Titel »Viva Vulva!«; empörte ältere Damen hätten ihn am Telefon beschimpft. Unter dem Kapitel *Die Liebe hört niemals auf* finde ich seine nachdichtende Deutung des Hohelieds der Liebe: *»Wenn ich in der Sprache von manchen in der Kirche redete, hätte aber die Liebe nicht, wäre ich nur ein dröhnender Paukenschlag der Unerhörtheit. (...) Schubladengeschwätz hat ein Ende, Unfug verstummt, Menschenverachtung vergeht. Denn Stückwerk ist unser Erkennen, Stückwerk unser pseudofrommes Reden; wenn aber das Vollendete kommt, vergeht alles Stückwerk.«*

Wie könnten wir uns Paulus in unserer Zeit vorstellen, wenn er heute seine Briefe schreiben würde? Vielleicht hätte er eine ziemlich attraktive Frau (oder einen Mann) dabei, vielleicht lebte er in einer achtsamen, aber offenen Beziehung. Ein Botschafter der Liebe verkündet heute jedenfalls nicht den Stand von vor 2000 Jahren. Es war nie sinnvoll, die Liebe als vergeistigte Angelegenheit von den Körpern zu trennen – wie es auch nie sinnvoll war, aus der körperlichen Liebe die seelische herauszurechnen. Mit geistiger Liebe ist Körperlichkeit und mit Körperlichkeit natürlich Verantwortung verbunden. So verstehen sich die christlichen Gebote. Sie richten sich, sozialpolitisch und ethisch gedacht, vor allem an chauvinistische Männer, die über Jahrhunderte Frauen schwängerten, die dann geächtet wurden. Die Männer lebten verantwortungslos ihre Lust aus, die Frauen gingen unter. Frauen derart zu missbrauchen entspricht nicht der Nächstenliebe. Es geht in der christlichen Botschaft nicht um eine krude und doppelbödige Ethik; das Christentum wurde erst später vor allem zur moralinsauren Lehre. Es ging um Regeln, die in der historischen Situation, an die sich biblische Texte richten, Liebe gesellschaftlich lebbar machten. In einer Welt ohne moderne Verhütungsmethoden und ohne rechtliche Gleichstellung war es naheliegend, die Sexualität an die Ehe zu binden: Wer heiratet, kann nicht mehr einfach weglaufen. Wer eine Ehe führt, versorgt seine Familie. Religionen geben spezifische Antworten auf Probleme ihrer Zeit; sie enthalten überzeitliche Aspekte – den der Nächstenliebe – und zeitgebundene.

LIEBE

Die Liebe ist die Lücke, die der Teufel lässt. Sie ist aus einem paradiesischen Zustand übrig geblieben und eine unendliche Ressource. Als Schönheit wird die Liebe sichtbar – wer liebt, der sieht und wird gesehen. Wer liebt und die Schönheit wahrnimmt, ist daher niemals allein. Die Dimensionen der Liebe sind vielfältig, aber sie ergänzen sich zu einer uns umgreifenden Form. Körperliche, seelische, materielle, spirituelle Liebesformen, denen wir uns hingeben können, bilden die kleinen Gottesbeweise im Alltag. Die Liebe ist eine innere Richtkraft, sie beweist, dass wir mit allem rechnen müssen, sogar mit dem Guten. Sie betört und zieht an, wir suchen nach ihr und im einfachsten Sinne beginnt sie mit einem Lächeln, damit, dass wir uns anderen zuwenden, dass wir die Ähnlichkeiten fühlen. Da die Liebe Leichtgläubigkeit ist, eine scheue, schnelle und zugleich starke Kraft im gegenwärtigen Moment, wird sie zum gewichtigsten Thema aller Religion. Wie alle Aspekte wahren Glaubens führt sie in die Freiheit.

Wolfgang Metz gehört, neben vielen anderen, zu den Christen, zu denen ich aufschaue. Er ist Teil einer Kirche, deren Akteure das *neueste* Testament verkünden. Bei aller Distanz zu einer sonst partiell frauenfeindlichen, homophoben Institution: Diese Frauen und Männer laden mich ein, ich liebe ihre Gottesdienste und Predigten, ich bin stolz, wenn ich ihnen als »Laie«, der ich im katholischen Sinne bin, begegnen darf. In den vergangenen Jahren treffe ich sie überall. Sie sehen den Geist der Heiligen Schrift und nicht das Wortwörtliche; sie glauben an Gott, nicht an einen spirituellen Konzern. Sie fördern, dass ich für das *Jesuiten-Magazin* schreibe – und zugleich für den *Playboy*. Dass sie in Amt und Würden sind, spricht entschieden für die Kirche, aber leicht wird es ihnen nicht gemacht. Die Öffnung der Nächstenliebe hin zur Sinnlichkeit lässt mich meine Lieblingspfarrerin ohne schlechtes Gewissen anhimmeln; eine Frau, die im Leopardenkleid unter ihrem Talar predigt. Ihr Instagram-Kanal liefert neben theologischen Themen auch Humor, Fashion und Iron Maiden. Dass sie für den sonntäglichen Gottesdienstbesuch zu weit entfernt lebt, ist mir recht – ich könnte mich nicht immer auf ihre Worte konzentrieren, weil ich auch an anderes denken müsste. Eine Religion der Liebe.

Nur ein paar Hundert Meter von dem gut zubereiteten Kaffee, hinter dem ich mit dem Befreier Wolfgang

Metz sitze, lebt Sieghard Wilm mit seinem Ehemann im Pfarrhaus der St.-Pauli-Kirchengemeinde. Er hat ihn in einer legendären Schwulenkneipe um die Ecke kennengelernt. Der berühmte Pfarrer ist ein Engel auf St. Pauli – und er hat das mit der Schönheit wörtlich genommen. Man muss sich das Areal um diese Kirche, in der Nähe des »Park Fiction« an der Elbe mit Blick auf den Hafen, als raue, gottlose Gegend vorstellen. Friedensstiftung ist hier angesagt und nötig, weil Drogendealer, harte soziale Verhältnisse, die traurige Armut des alten St. Pauli und der Gestank einen manchmal verzweifeln lassen. Das Viertel hat einen unverwechselbaren Charakter. Hier entstanden die ersten Tätowierstuben, es gibt eine anregende Kreativszene und organisierte Kriminalität, einfache Arbeiter und verkrachte Existenzen, einen überirdischen Fußballclub, Seeleute und Hells Angels, Kiezikonen und Musiker, Gewinner und Verlierer der Gentrifizierung. Sieghard Wilm hat neben der Kirche, öffentlich zugängig, einen Garten angelegt, in den man wie in ein Paradies eintritt. Von ihm gehen eine Ruhe und ein Frieden aus, die in die Nase steigen: Fliedergeruch des Kirchgartens statt Pissegestank der tristen Reeperbahn. Man kann nicht durch einen Paukenschlag das Szenario ändern. So wie die Viertel der Wirtschaftsbürger gehören auch die Armenviertel dazu. Aber auch in diese raue Welt kann man eine Schönheit tragen, von der etwas Heilsames ausstrahlt. Die Schönheit rettet manchmal die Welt, sie ist nicht zu übersehen, ebenso wenig wie das Elend. Obwohl er nicht Teil der Bewegung ist, folgt er der Philosophie des *Peacemaker*-Ordens, einer interreligiösen Gruppe, die sich zu Meditation und Gebet an den Orten versammelt, die es nötig haben: Schlachthöfe, Konzentrationslager, Kriegsgebiete. Sie tun das, um »Zeugnis abzulegen«, und folgen der pazifistischen Einsicht, dass schon die Anwesenheit von innerem Frieden nach außen wirken kann. Wenn alles mit allem verbunden ist, und so sehen es die Weltreligionen, ist das schlüssig. Wo Betende und Meditierende sind, geschieht etwas. Sie bringen die Schönheit in die Sümpfe der Traurigkeit, sie reinigen durch ihre Anwesenheit. Wir brauchen die praktizierte Nächstenliebe nicht so dringend in wohlsituierten Gegenden, in denen soziale Mindeststandards halbwegs eingehalten werden. Für die Wohlhabenden gilt: Es liegt an ihnen, alle Ressourcen sind da – nutzt sie! Das Glück mag unabhängig vom Geld sein, Elend und Leid sind es nicht. Diesbezüglich müsste man Teilen der Oberschicht wohl verbieten, St.-Martins-Lieder zu singen. Sie ignorieren die Aufforderung zum Teilen. Die *Peacemaker* agieren mit der Naivität, über die manche spotten, die Jesus aber meinte, als er die Größe der Kleinen erwähnte. Das Christentum lehrt: Es gibt niemals nichts zu tun, es gibt keine

Wo Betende und Meditierende sind, geschieht etwas

Handlung, die zu klein wäre. Selbst jeder bewusste Atemzug während der Meditation führt weiter, es gibt keine Wirkungslosigkeit. Solange es Hässliches gibt, müssen wir die Welt verschönern.

Diese Schönheit ist sichtbare Nächstenliebe. Sie betrifft nicht nur das Auge, dem all das gefällt, sie ist ein komplexer Gottesdienst. Wer die Schönheit der Liebe erkennt, trennt nicht: weder Körper von Geist, noch im dogmatischen Sinne Moral von Unmoral. Der Dichter SAID gehört zu den großen Mystikern; seine Liebesgedichte verstand ich zum ersten Mal, als ich nackt mit einer Frau auf dem Bett lag und über Religion sprach. Das Gedicht hing über dem Bett:

herr
ich will die differenz nicht anerkennen
zwischen dem schöpfergott und dem erlösergott
dafür gelobe du
keinen unterschied zu machen
zwischen gottesfürchtigen und gottessuchern
und schaffe die frommen ab
die uns im wege stehen
denn sie betonen nur das trennende
vernimm mein täglich gebet
das ich stumm an die schönheit richte

Psalmen hat er seinen Gedichtband genannt, dem es entnommen ist. Das ist keine Anmaßung. Der Dichter, von religiösen Fundamentalisten aus seiner persischen Heimat vertrieben, nutzt die alttestamentarische Gedichtform, um zu klagen, zu bitten, zu loben und zu danken. Aus dem Islam kommend, entwirft er, ganz ähnlich wie Navid Kermani in seiner Prosa, eine interreligiöse Kunst. SAID feiert die Schönheit, die körperliche und geistige Liebe, als angewandte Liebe zu Gott. Sein fordernder Ton enthält mehr Weisheit als jede krude Moralisierung. Er gibt den Blick auf eine Schönheit frei – auf die der nackten, sich liebenden Körper –, die nicht der Mensch selbst erfunden hat. In der Liebe findet sich die Schönheit der Schöpfung. SAID ist ein Dichter, der seine Buchstaben durch das Fenster zwischen Gott und den Menschen reicht. Auch in sich verschlungene Körper sind heilig, wie er schreibt, »*damit ich teil dieser bewegung bleibe, um dir näher zu kommen*«. Die weise Metapher des Menschen, der immer einen eigenen Standort hat, ferner oder näher bei Gott, nutzt auch Navid Kermani. Er erzählt die Geschichte eines Platzanweisers in der Moschee, die nicht alle Leute fassen kann. Er ruft in die Menge, jeder solle »von da, wo er ist, einen Schritt näher kommen«. Mit dieser Einladung, einen Schritt näher zu kommen, ist alles verkündet, die ganze Botschaft abrahamitischer Religionen. Weitere Worte sind überflüssig. Wer das versteht, ist angekommen.

Die himmlische Schönheit ist gekennzeichnet durch ihre Antiaggressivität, alles andere ist nur »attraktiv« oder Dekoration. Diese Schönheit ist tief und hängt nicht an Proportionen oder werbepsychologischen Tricks. Sie übersteigt das Rationale und hat eine außerweltliche Dimension. Manche Orte, die uns den Atem nehmen, zu betreten macht es erfahrbar. Wer betritt den *Kölner Dom* oder die *Sagrada Família*, ohne von etwas ergriffen zu werden, für das er keine Worte findet? Das Weltkulturerbe ist zu einem großen Teil ein »Weltreligionserbe«. Diese besonderen ästhetischen Empfindungen lassen sich aber auch ohne Monumentalität vermitteln: Peter Zumthor hat in der Eifel, etwa eine Stunde von Köln entfernt, eine kleine Kapelle gebaut, die an einen Schweizer Mystiker erinnert. Niklaus von Flüe, später Bruder Klaus genannt, lebte im 15. Jahrhundert in der Schweiz. Nach einer Karriere als Bergbauer, Soldat und Richter verließ er, mit dem Einverständnis von Frau und seinen zehn Kindern, sein wohlsituiertes Leben und wurde Einsiedler. Hinterlassen hat er sein tägliches Gebet, das auch in der jesuitischen Zen-Schule rezitiert wird:

Mein Herr und mein Gott,
nimm alles von mir,
was mich hindert zu dir.

Mein Herr und mein Gott,
gib alles mir,
was mich führet zu dir.

Mein Herr und mein Gott,
nimm mich mir
und gib mich ganz zu eigen dir.

Dieser Text ist das Ergebnis eines visionären Lebens. Er liest sich einfach – aber er entwickelt seine Kraft und außerordentliche poetische Schönheit erst in hundertfacher Wiederholung. Der Architekt Peter Zumthor hat die tiefe Erkenntnis des Mystikers in seiner Kapelle betretbar gemacht. In der nördlichen Eifel in der Nähe von Köln gelegen, auf einem freien Feld zwischen kleinen Orten, muss man von einem fünfzehn Minuten entfernten Parkplatz darauf zugehen. Man sieht zuerst nur einen monolithisch wirkenden Betonklotz, eher irritierend als schön, schmucklos. Dann steht man vor einer dreieckigen, stählernen Eingangstür. Der Bau wirkt, als hätte eine außerirdische Lebensform nach dem Besuch auf der Erde etwas vergessen. Dem schlichten Äußeren steht ein nahezu seelischer, dunkler Innenraum entgegen. Über hundert Fichtenstämme wurden zu einer Zeltform gruppiert, von außen mit Stampfbeton ausgefüllt und schließlich angezündet. Etwa drei Wochen lang brannte und glimmte das »Mottfeuer«, damit der Beton aushärten konnte. Schließlich wurden die vom Feuer ausgetrockneten Stämme entfernt und der Boden aus Blei und Zinn gegossen. Um die innere und äußere Holzschalung zu verbinden, wurden Öffnungen gelassen, durch die der Beton gegossen werden konnte. Diese Löcher wurden später mit 350 mundgeblasenen Glaspfropfen verschlossen, durch die Lichtstrahlen in die Kapelle fallen. Das Bauwerk ist innen rußig schwarz und nach oben geöffnet, aus dem Dunkel fällt der Blick auf die tropfenförmige Öffnung des Himmels, der sich im schwarzen Spiegel des Wassers abbildet, das sich in einer leichten Vertiefung des Bodens sammelt. Wer eine solche Kapelle realisiert, darf als Baumeister, nicht nur als Architekt bezeichnet werden. Der Heilige, dem die Kapelle gewidmet ist, wirkt tief in die Gegenwart hinein – Form und Inhalt werden eins. Der Raum verbindet uns mit der Kraft eines Mannes, der sich vor 500 Jahren in die Einsamkeit zurückzog, auf Weltliches verzichtete, um sich Gott zuzuwenden. Die Atmosphäre erinnert an die Kraft, sich vom Belanglosen abzuwenden und das Wesentliche zu sehen. Sein Rückzug war exemplarisch, aber keine generelle Aufforderung zur Askese. Jeder kann selbst schauen und sich fragen, *»was mich hindert …«* – der Blick auf eine Öffnung des Himmels ist der Blick auf die offen stehenden Türen unserer eigenen Kammern. Wir laufen herum, aber über uns ist noch etwas. Der Horizont verdunkelt sich, aber über uns zeigt sich noch Licht. Wir fühlen uns manchmal gefangen. Aber wir sind, gottesebenbildlich, frei. Der Glaube ist der Ort, an dem sich Liebe und Schönheit nicht isolieren lassen. Das Böse ist hässlich, aber die Liebe ist voller Schönheit. Der Blick verändert sich, wenn er *liebevoll* auf etwas gerichtet wird. Nur dieser Blick vervollständigt die Wahrnehmung. Der Glaube als die Fähigkeit, seine Wahrnehmung zu öffnen, erliegt keiner manipulativen Attraktivität, keiner blinden Verführung. Die Schönheit existiert in der Schöpfung als Erinnerung an eine vollendete Liebe, die nicht fragt und nicht zweifelt, die universell gilt. Im schwarzen Raum der Bruder-Klaus-Kapelle kann man die Anwesenheit der Rezitative fühlen, sie ist ein materialisierter Nachklang seiner täglichen Gebete. Vor über 500 Jahren hat ein Schweizer seine Worte gesprochen, die Schallwellen werden leiser, aber es gibt homöopathische Dosen, sublime Erinnerungen an diese Worte. Manches scheint nie zu verklingen. Noch heute wird das Gebet des Bruder Klaus gesprochen. Es hallt gegen die schwarzen Betonwände der Kapelle, ein *Klang*, eine Melodie. Gott ist unsichtbar, aber in mir war immer das Wissen: Er ist hörbar. Das Unerhörte ist ein Geräusch.

Glaube ist der Ort, an dem sich Liebe und Schönheit nicht isolieren lassen

3

DIE TIEFE DER KLÄNGE

Lärm ist unheilig. Er besteht aus einer impulsiven Ansammlung unerwünschter Geräusche; er ist flach, destruktiv und gehört zu den objektiven Stressoren – der Körper kann sich kaum dagegen zur Wehr setzen. In lauter Umgebung wird daher ein Gehörschutz getragen, der Außengeräusche dämmt. Das betrifft Baustellen oder Flughäfen, leider aber auch gewöhnliche Großraumbüros, mit denen Arbeitgeber Kosten sparen. Hoch entwickelt sind inzwischen Noise-Cancelling-Kopfhörer, die Außengeräusche löschen. Städte sind im Durchschnitt lärmiger als das ländliche Leben. Der Lärm verfolgt uns, eine Art Dauerbelastung. Orte der Stille hingegen muss man aufsuchen. Nach einer gewissen Zeit im Wald spürt man die Entspannung. Ich erlebe immer wieder Menschen, denen jede Sensibilität für Lautstärke fehlt, als sei dieser Sinneskanal der am wenigsten bedachte, als gäbe es keine akustische Dimension der Alltagskultur. Es gibt grundlaute Personen, deren Stimmen die Nerven der Zuhörenden belasten, und es gibt sogar

Menschen »ohne Ohren«. Sie leiden an einer Geistesunruhe, die zur narzisstischen Unfähigkeit zuzuhören wird. Der Umgang mit ihnen wird schnell zur Belastung. Sie leiden an einer »egotropen Kommunikationsstruktur«, sie reden nur mit sich selbst, brauchen dazu aber ein austauschbares Publikum. Es handelt sich in jedem Fall um einen Personenkreis, von dem man nichts lernen kann – außer vielleicht auf der Metaebene, also über ihre pathologische Eigenart. Mir machen diese Menschen immer ein wenig Angst, weil sie sich und auch andere in Gefahr bringen. Die Bibel nennt im Matthäusevangelium gleich zweimal kurz hintereinander den mahnenden Satz: »*Wer Ohren hat, der höre!*« Das Organ mag biologisch einfach vorhanden sein, aber es bedarf einer gewissen Anstrengung und Übung, aktiv zuhören zu können. An Kindern, deren Wahrnehmung und deren Hören noch ganz anders ablaufen, bemerken wir die Abweichungen von reifem oder gar sensiblem Zuhören. Kinder verfügen, da sie oft nicht zuhören, allerdings seelisch über ein anderes Sensorium, um ihrer Umwelt wichtige Informationen zu entnehmen. Erwachsenen geht dieses Frühwarnsystem meist verloren, daher sollten sie die Ohren aufsperren.

Dass diese Welt laut oder leise ist, dass sich in ihr Technoclubs und Ruhezonen, (Kanonen-)Donner und Schweigeklöster finden, ist eine ziemlich seltsame Angelegenheit. Besucht man ein Rockkonzert, sucht man wohlkomponierten Lärm, aber nur einige Stunden später liegt man im Bett und wünscht sich Stille. Das Weltall stelle ich mir totenstill vor, aber unser Planet lärmt auf einer Flugbahn durch diesen ruhigen Kosmos. (Wahrscheinlich reicht das, um feindlich gesinnte Außerirdische nachhaltig abzuschrecken.) Das Hören ist ein undurchsichtiger und komplexer Sinn. Ein Zusammenspiel winziger Knochen und eine Membran erzeugen die akustische Welt, in der wir leben. Geht man zum Hals-Nasen-Ohren-Arzt, so ist man von einer Vielzahl von technisch-geheimnisvollen Geräten umstellt. Der Arzt oder die Ärztin halten einem eine angeschlagene Stimmgabel an den Kopf, alles brummt und surrt, als sollte das Gehirn neu gestimmt werden. Auf wundersame Weise ist das Hören an unser Gleichgewicht gekoppelt, das Schwindelgefühl sitzt im Ohr. Man kann die Augen schließen, die Luft anhalten, um nichts zu riechen, aber dem Menschen fehlen »Ohrenlider«, um sich vor Geräuschen zu schützen. Schaltet man bei Horrorfilmen den Ton ab, bleiben meist nur lächerliche Bilder übrig, die keine Angst erzeugen. Der Klang hat, so hat es der Klangphilosoph Raymond Murray Schafer beschrieben, zwei grundsätzlich verschiedene Varianten. Den oben beschriebenen Lärm, der uns be-

Ein Zusammenspiel winziger Knochen und eine Membran erzeugen die akustische Welt, in der wir leben

lastet, selbst wenn die Lautstärke gering ist, nennt er »low-fi«. So bezeichnet er weltliche Geräusche ohne Tiefe, die nur einen flachen Druck ausüben. Dem gegenüber besteht allerdings eine Klanglandschaft aus Schallwellen, die »hi-fi« sind, also von großer und oft heilsamer Tiefe. Sie wirken auf den Menschen völlig anders und stammen zumeist aus dem Reich der Schönheit. Das Knirschen von Schnee, wenn man darüberläuft; das Knacken von Kandiszucker, wenn Tee darübergegossen wird, das Geräusch von Meer und Wind, die Kirchenglocken aus dem Nachbardorf. Erweitern könnte man diese Beschreibung noch um die besondere Färbung von Stimmen, vom besonderen Klang des Vorlesens heiliger Texte oder Lyrik und natürlich einige Arten der Musik. Das Christentum hat eine reiche Kultur an Hi-Fi-Klangvarianten. Früher definierte die Reichweite der Kirchenglocke akustisch die Größe der Gemeinde. Sie gliedert bis heute den Tag in Zeitrhythmen und erinnert uns an die Vergänglichkeit. Von der Klangschale, Klanghölzern bis zu kleinen Glocken und Schellen im Gottesdienst oder im Dojo sind es akustisch tiefe Geräusche, die uns durch gläubige Rituale leiten. Die vergangenen Jahre habe ich immer in Hörweite einer Kirche gelebt und orientiere mich an ihrem Glockenschlag. Er ermutigt mich, ist mir seit der Kindheit vertraut, stellt alles in einen größeren Zusammenhang.

Das Christentum hat eine reiche Kultur an Hi-Fi-Klangvarianten

Schafer beschreibt auch Geräusche, die seit Urzeiten zu hören sind und uns seelisch ergreifen. Das Geräusch des Meeres verfügt »über eine unendliche Anzahl von Stimmen«. In Bezug auf das Wasser gilt, dass hier die Evolution beginnt. Zugleich beginnt das Leben des Menschen nach der Geburt beim Ausstieg aus dem Fruchtwasser. Jedes Kind ist schon vor der Geburt einer aufregenden Geräuschkulisse im Mutterleib ausgesetzt, aus der es durch die Geburt vertrieben wird. Auch dem Wind können wir endlos zuhören, und wir hören aus ihm anderes heraus. Das Rauschen des Waldes wirkt tief.

Eine intensive Verbindung existiert zwischen der Natur und der akustischen Musik. Viele Instrumente sind aus Holz und von Hand gefertigt und keineswegs nur Produkt digitaler Programmierung. Der Geigenbauer Martin Schleske, ein tiefgläubiger Mann, dessen Ton aus meiner Sicht zeitweise ins Befremdlich-Frömmige driftet, verbindet verschiedene Welten. Als Physiker weiß er um die naturwissenschaftlichen Dimensionen der Akustik, als Handwerker um die spezifischen Bearbeitungsformen von Holz und als religiöser, mit der Natur verbundener Mann wandert er durch den Wald auf der Suche nach »Klanghölzern«, also gerade den Bäumen, deren Holz sich zum Bau einer Geige oder eines Cellos eignen. Eines seiner Bücher über das Geigenbauen nennt er im Untertitel »Vom unerhörten Sinn des Lebens«; sein Handwerk stellt er in einen universellen Zusammenhang mit der Schöpfung. Sich mit dem Klang der Welt zu beschäftigen öffnet eine Tür, hinter der wir mehr als Schallwellen und Physik finden.

Egal ob Schöpfung – am Anfang war das Wort – oder Urknall, das Sein beginnt mit etwas Akustischem. Das Erste, was ein Neugeborenes tut, ist schreien. Wenn das ausbleibt, machen sich Mediziner Sorgen. Der Widerstand von Susanna, von der im Alten Testament erzählt wird, gegen die beginnende Vergewaltigung durch die Ältesten manifestiert sich in einem Schrei. »In den großen Begriffen der Bibel zeigt sich so etwas wie die Spannung zwischen Körper und Klang«, schreibt Schleske. Wenn ich Texte habe, die mich nicht nur ablenken oder zerstreuen, sondern mich bewegen und betören, dann liegt das selten allein am bloßen Inhalt – es liegt am Klang, der Stimmung einer Erzählung. Texte bekommen erst dann einen Glanz von Heiligkeit, wenn Sätze uns durchbohren wie ein Pfeil, wenn wir in ihnen das tief Persönliche finden, das über uns hinausweist. Der Klang eines Satzes, der Rhythmus eines Textes, die spezifische Klangfarbe erzeugen den Zauber des Lesens. In der Antike und im frühen Mittelalter wurden Texte laut gelesen, auch wenn man allein war, das stille Lesen wirkte suspekt. Erst in der Moderne setzt sich das verschwiegene,

Das Sein beginnt mit etwas Akustischem

»innere« Lesen durch. Es kann so zwar zur Meditation werden, aber es geht auch etwas verloren – nämlich der spezifische Klang und die Fähigkeit, ihn durch das eigene Vorlesen hervorzulocken. Studierende, die bei mir das Schreiben lernen sollen, bekommen die Aufgabe, sich ihre eigenen Texte laut vorzulesen. Wenn man hängen bleibt, dann stimmt oft etwas im Text nicht. Und man bekommt eine Ahnung davon, ob man so gehört werden möchte, wie die Worte es vorgeben. Es gibt Autoren, die man besser versteht, wenn man einmal ihre Stimme gehört hat. (Ich wüsste sehr gern, wie Goethes oder Kafkas Stimme klangen!) Die Mystikerin Teresa von Ávila musste immer wieder in harten Verhandlungen um ihr Werk kämpfen – und sie überzeugte ihre Kritiker immer wieder durch ihre flammenden, überzeugenden Reden: Und zu dieser Überzeugungsgabe zählte natürlich nicht nur was, sondern auch wie sie sprach. Die Lehre vom guten Sprechen und Vortragen, die Rhetorik, wird heute schnell verwechselt mit der strategischen Scharlatanerie von Überredungskunst, Werbung und Marketing; aber das überdeckt nur die sublime Ebene einer tiefen Wahrheit, die im Klang der Sprache stecken kann. Doch wer Ohren hat, der nimmt vielleicht auch die kommunikativ-existenzielle Ebene wahr, die der Klang des Sprechens haben kann. Und dann sind Worte, die uns erreichen, nicht nur reine Informationsübermittlung, sondern vielleicht im richtigen Lebensmoment Formen von Anrufung, Ansprache oder sogar Berufung.

Die Welt ist nicht nur laut, die Kommunikation ist auch zu einem oberflächlichen Rauschen geworden, das über verpixelte Bildflächen und mediale Kurzimpulse das Hören in Hi-Fi-Qualität verhindert. Sowohl die eigenen Stimmen als auch wichtige andere verschwinden hinter 15-Sekunden-Storys oder -Tanzfilmchen. Aus Begegnungen werden »Kontakte«, und aus Freunden werden »Netzwerke«. Gegen das kapitalistische Spiel wirken nicht fundamentalistische Glaubensnuancen ziemlich leise, aber nichts kann sie gänzlich abschalten. Dem Menschen reichen, ab einem gewissen Entwicklungsstadium, weder Reichtum noch flache Klänge. Die einfache Kommunikation reicht nicht, zumindest nicht im Umgang mit menschlichen *Grenzsituationen,* denen wir nicht entgehen können. Der Philosoph Karl Jaspers versteht darunter die Lebensmomente, die uns radikal zum Einzelnen formen, weil jeder sie anders erlebt: Schuld, Einsamkeit und Tod, Ängste, Krankheit und Verzweiflung. Es gibt dagegen keine Allheilmittel; zu leben bedeutet, ihnen zu begegnen. Und nicht einmal viel Geld schafft diese Situationen ab. Liebe und Unsterblichkeit sind nicht käuflich. Jaspers war erschrocken von der um sich greifenden

Kommunikation ist auch zu einem oberflächlichen Rauschen geworden

Oberflächlichkeit und beschrieb einen Typ der »existenziellen Kommunikation«, in der sich Menschen als einzelne, unaustauschbare Charaktere begegnen. Nur wer in sporadischer Einsamkeit zum Einzelnen wird, weder nur durch Geselligkeit zerstreut noch vor sich auf der Flucht, kann anderen Einzelnen im tieferen Sinne begegnen.

Die Selbstwerdung, so der Philosoph, gelingt nur über sich gegenseitig bedingende, ergänzende Wege: den der Meditation in der Einsamkeit und den der Kommunikation zwischen so gefestigten Einzelnen. Der Meditierende oder Betende zieht sich nicht zurück, um sich zu isolieren, er meditiert in der Stille *für andere*. Er lernt zu hören, weil das Gerassel aufhört. Um den Klang der Schöpfung in seiner Tiefe zu verstehen, existiert etwas, das Herausforderung und Anspannung, Entspannung und Ressource zugleich sein kann: die Stille. Erst im Kontrast zu ihr existiert Klang.

Stille. Erst im Kontrast zu ihr existiert Klang

Mein erster Aufenthalt in einem Kloster führte mich in ein christliches Zen-Schweige-Retreat der jesuitischen *via-integralis*-Schule. Das 1064 gegründete Benediktinerkloster auf dem Michaelsberg in Siegburg in der Nähe von Bonn bot dafür die Räume. Außer in der wöchentlichen Meditationsstunde meiner christlichen Zen-Gruppe und der alltäglichen frühmorgendlichen Praxis des Zazen, zweimal 35 Minuten Geistesruhemeditation, hatte ich keinerlei Erfahrung.

Ein Exerzitienhaus ist ein Ort der Stille. Hier spricht, was fehlt. Nach einer kurzen Einführung war es vorbei mit dem Reden. Eine Gruppe in absoluter Stille. Der Tagesablauf stand auf einem Blatt Papier, das aushing. Keine weiteren Fragen. In der Straßenbahn, die mich zum Kloster gebracht hatte, klingelten Telefone, stritten Jugendliche, schimpften Rentner, und die Geschäftsleute tippten auf ihren digitalen Spielzeugen. Auch ich las Mails und Nachrichten. Ich war nicht sehr motiviert, aber ich sagte mir, es seien ja nur drei Tage. Einige Wochen hatte ich mit der Anmeldung gewartet, weil ich mir das nicht so richtig vorstellen konnte. Andere hingen in Bars herum oder gingen auf Partys. Mit mir allein stiegen schnell ungute Gedanken auf, mein Geist schien sich zu verschmutzen, wenn die Ablenkung von außen fehlte. Schweigen bedeutet nicht nur, nicht zu reden. Das »soziale Schweigen« verbietet Grüßen, Blickkontakt und weitgehend die nonverbale Kommunikation. Die Meditation begann um 6:30 Uhr, erst einmal drei Einheiten à 25 Minuten vor dem Frühstück. Rezitiert wurden christliche und zen-buddhistische Texte. In die Stille gesprochen bekommen solche Passagen eine große Kraft:

Meinst du, o armer Mensch,
dass deines Munds Geschrei
der rechte Lobgesang
der stillen Gottheit sei?

Angelus Silesius

Am Ende des Retreats wird »das Schweigen gebrochen«, allerdings ist das um die Ecke gedacht. Eigentlich bricht das Retreat das dauerhafte Gerede. Es beendet den Lärm. Die Schweigeorden sind nicht dadurch gekennzeichnet, dass auf das Reden verzichtet würde – die Menschen dort verzichten einfach auf überflüssiges Gerede – und dann wird es ziemlich still. Wenn ich alles durchdenke, was ich über den Tag von mir gebe, hat das wenigste tiefere Bedeutung. Die Welt könnte still sein. Wer ein Schweige-Retreat besucht, der lernt vor allem etwas über das Sprechen. Brauchen wir es in diesem Ausmaß, wofür brauchen wir es, was richtet es an? Ich stelle mir eine Welt vor, in der man denkt, bevor man spricht.

Wer ein Schweige-Retreat besucht, der lernt vor allem etwas über das Sprechen

Nach den ersten Stunden Zazen schmerzte mein Rücken, in mir hoben die Klagelieder an. Warum hatte ich mich in eine solche Situation freiwillig begeben? Und dann über drei Tage Herausforderung dämmerte langsam die Erkenntnis: Dieses Ziehen im Rücken, meine nervigen Gedanken, diese lange Reihe an Befindlichkeiten, die mein Kopf produzierte – sie werden unterbrochen und enden, wenn wir niemanden haben, bei dem wir sie loswerden können. Das unkontrollierte Reden über alles und jeden, über unseren Ärger und Belanglosigkeiten, die Klagen über das Wetter und die Welt – sie steigern sich von Kleinigkeiten hoch zum generellen Weltschmerz, sobald wir darüber zu viel sprechen, wenn wir das alles ungefiltert anderen zumuten. Zwischen meiner Klosterzelle und dem Meditationsraum lag der Hof. Ich stand in einer kurzen Pause an der Klostermauer und blickte über die Kleinstadt. Es war kalt, es regnete leicht, mein Rücken schmerzte. Und ich dachte: Das ist nicht so wichtig, es ist nur Wasser, die Rückenschmerzen gehen wieder. Wenn man sich nur noch bei sich selbst beklagen kann, dann verliert der Regen die Kraft, einem die Laune zu verhageln. Es regnet weiter, auch wenn ich mieser Stimmung bin, es regnet auch weiter, wenn ich guter Stimmung bin. Ich habe die Wahl, aber sie ändert nicht das Wetter, nicht die Welt. In den folgenden Jahren kehrte ich regelmäßig ein, um mich daran zu erinnern. Eine der letzten Rezitationen wird mir ewig im Gedächtnis bleiben:

Die Menschen plappern viel,
wer geistlich weiß zu beten,
der kann mit A und B
getrost vor Gott hintreten.

Angelus Silesius

Oft frage ich mich, ob es vor Gott still ist oder ob dort Musik läuft. Immerhin sind sie alle oben bei ihm: Miles Davis und Johann Sebastian Bach, Jutta Hipp und irgendwann auch Lana del Rey. Wenn die Welt Klang ist, dann unterbricht nicht nur das Prasseln des Regens aufs Zeltdach die Stille. Um uns glücklicher zu machen, gibt es auch Musik. Und diese Kreativität ist bei Gott. Gerade, wer das Christentum mehr als nur rational verstehen will, kann sich geistliche Musik anhören. Keine andere Weltreligion hat eine vergleichbare Musiktradition. Der Komponist John Cage begann einen Vortrag 1959 mit dem Hinweis: »*Was wir brauchen, ist jederzeit Stille, aber was die Stille will, ist, dass ich weiterrede.*«

Er wolle nicht überraschen, sondern er spreche und komponiere aus »poetischer Notwendigkeit«. Musik zu erfinden grenzt für mich an Magie. Ich kann Worte zu Papier bringen, aber was im Kopf von Mozart geschehen ist, dafür habe ich keine Worte – es betrifft dennoch nicht nur die Ohren. Wir können seine Musik hören, aber sie bringt mich einer Instanz näher, die mehr ist als ich. Im Hinblick auf die dezidiert christlichen Musikstücke ist das leicht nachvollziehbar. Über die Trauer und den Schmerz kann man Bücher lesen oder Filme sehen; aber das reicht nie an die Erfahrung heran, *Stabat Mater* von Pergolesi live erlebt zu haben. Die Welt ist über alle Musikgattungen hinweg voller komponierter Klänge, die sich Gott widmen: Ob in der klassischen Tradition oder Kirchenmusik, ob im Hip-Hop (bei den Eltern und Gott wird sich dort oft bedankt), ob bei den christlichen Alben von Bob Dylan oder Johnny Cash, oder wenn die »Mutter des Punk«, Patti Smith, in einen Song den 23. Psalm einbaut. Musik überhaupt zu verstehen, in ihrer Tiefe, ist ohne Sensibilität für das Unendliche nicht leicht. Dass es dabei nicht nur frömmelnd zugeht, das zeigt spätestens die Geschichte der Popmusik seit 1963. Für mich hat der Klang Gottes jedenfalls immer menschliche Medien auf diesem Planeten, über die er sich äußert. Und das sporadisch sogar jenseits der Intention der Musiker. Als ich anfing zu verfolgen, mit welcher Energie sich die Beatles, ehemalige Messdiener, der Botschaft der Liebe widmen, ohne sich dabei direkt auf die Religion der Liebe zu beziehen, ging mir ein Licht auf. *All you need is love* wäre jedenfalls kein Song, der Paulus gestört hätte, er findet sich poetisch ausgemalter im biblischen Hohelied. Und

Die Welt ist über alle Musikgattungen hinweg voller komponierter Klänge, die sich Gott widmen

nimmt man den Glauben auch in seiner geheimnisvollen Variante tiefer wahr, hätte auch John Lennons Song *Imagine* nichts, was einem erwachsenen Glauben widersprechen würde. Dort heißt es in etwa: Es gibt keine Hölle unter uns und oben das Paradies. Über uns ist nur der Himmel.

Man ist nicht Christ, weil man die kindliche Metaphorik von Himmel und Hölle wortwörtlich nimmt. *Imagine* ist zudem nicht nur ein Stück Lyrik, sondern ein Song, dessen Klang eine große spirituelle Kraft entfaltet. Er berührt tief, das ist leicht behauptet, aber was berührt er und von woher die Berührung? Der Anlass ist menschliches Elend, und er setzt die schöpferische Kraft der Einbildung ihm entgegen. Dieser Botschaft folge ich gern. Nichts anderes tun Künstler zu allen Zeiten: Sie imaginieren eine Welt, weil ihnen das Bestehende nicht reicht, und diese Imagination entfaltet schöpferische Kraft.

Die trotzige Energie, die Patti Smith dem Leiden der Welt entgegensetzt, ist groß. Sie lebt nicht nur im Kampf gegen die Unfreiheiten, gegen waffenvernarrte Zeitgenossen und Menschenfeindlichkeit, sie protestiert auch gegen die Oberflächlichkeit. Ihre eigene Anhängerschaft in den 1970er-Jahren war sicher nicht darauf aus, einen Song über einen biblischen Psalm zu hören, der selbst wie ein Gebet erscheint.

Auch der australisch-englische Rockmusiker Nick Cave ist tief von biblischen Geschichten und dem Glauben inspiriert. Er sagt über das Beten: »*Gebete sind eine Form konzentrierten Zuhörens. Für mich erzeugt ein Gebet einen stillen, kontemplativen Raum, in dem die Seele zuhören kann.*«

Lang war in der Popmusik die atheistische Geste die verpflichtende Norm. Die frühe Gegenkultur richtete sich gegen ein verknöchertes, bigottes Bürgertum, und die christlichen Kirchen spielten sich als Kontrollinstanz konservativ-bürgerlicher Werte auf. Mit großer Energie wurde sich ersatzreligiösen Angeboten gewidmet, die Beatles fuhren zu einem zwielichtigen Guru in Indien, aus anderen Religionen wurde importiert, was nicht wehtat, und man mischte es mit Drogenkonsum. Für die Freiheit zu kämpfen war überfällig, was die Gegenkultur damit aber tat, wirkt aus heutiger Sicht irritierend. Noch heute ist es im Westen so, dass man vor einem breiten Publikum eine Weisheit gern mit dem Dalai-Lama begründen kann, und alle Türen sind offen; beruft man sich mit der gleichen Phrase auf einen Bischof aus Mailand, rümpfen die Leute die Nase.

Der Klang des Glaubens in der Form der Musik kennt viele Varianten

Der Klang des Glaubens in der Form der Musik kennt viele Varianten; aber nicht einmal eine weiße, evangelikale Kirche in den USA konnte verhindern, dass die kraftvollsten aus der afroamerikanischen Kultur stammen. Gospel-Musik ergreift auch religiös unmusikalische Menschen. Priscilla Presley erzählte, dass ihr Mann, wenn er nachts schlaflos in seinem Haus umherstrich und sich an den Flügel setzte, ausschließlich Gospel-Stücke spielte.

Laut Philip Krohn ersetzen schwarze Gospel-Musiker irgendwann in den Lyrics einfach das Wort »God« durch »Baby« – und so entstand der *Soul*. Der neue Bezug zur Liebe – geistig, göttlich und körperlich gedacht – reichte aus, um ihn unmoralisch zu nennen. Widmet man sich dem neben Elvis berühmtesten Musiker seiner Zeit, Sam Cooke, als schwarzer Sänger dann lang vergessen, sieht man den schwierigen Wechsel zwischen christlich anerkannten und verteufelten Musikrichtungen. Cooke begann in Gospel-Formationen und wanderte langsam Richtung Soul, den er später mitprägen sollte. Aber Soul war aus Sicht der christlichen Kirchen damals – wie der Blues – so etwas wie die Musik des Teufels. Über die frühen Blues-Musiker um Robert Johnson kursierte die Geschichte, sie hätten an einer nächtlichen Straßenkreuzung den Teufel getroffen, mit ihm eine Gitarre getauscht und so ihr musikalisches Genie erhalten – »devil at the crossroads«.

Schaut man in die Lexika der 1950er-Jahre ging es aber noch schlimmer: Wenn Soul aus der Hölle kam, dann musste Jazz aus der totalen Hölle stammen. Das lag einerseits daran, dass hier schwarze und weiße Menschen zusammen musizierten – in einer Apartheidgesellschaft ein Sakrileg – andererseits war der frühe Jazz vor allem Tanzmusik und diente dem Vergnügen. Der *Hot Jazz* betonte das Körperliche, Swing ging in die Hüften (nicht erst der Rock 'n' Roll), der Bebop instrumentalisierte offen die Wut gegen eine rassistische Gesellschaft, und der Cool Jazz präsentierte überhebliche Gelassenheit und geistvollen Esprit. In dieser aus evangelikaler Sicht gottlosen Welt erschien 1965 allerdings ein Engel, der den Saxofonisten John Coltrane dazu motivierte, eine revolutionäre Suite aufzunehmen. Es wurde an nur einem Tag, am 9. Dezember 1964, in der Adventszeit, aufgenommen und in den fünf Tagen davor komponiert.

1965 erschien eine Platte, von der viele denken, dass sie im Himmel in Dauerschleife läuft: *A Love Supreme*. Das christliche Leben beginnt mit Kinder- oder Weihnachtsliedern, aber überspitzt gesagt, Coltranes Album macht das Christentum für Erwachsene hörbar. Ich gestehe, ein sehr persönliches Urteil, aber ohnehin schreibe ich über meinen Glauben, in der Hoffnung, Seelenverwandte zu treffen oder zumindest nachvollziehbar zu bleiben.

Coltrane, ein introvertierter Mann, entkam der Heroinsucht nach eigenen Worten durch eine

Glaubenserfahrung. Wie auch bei Johnny Cash und sicher noch vielen anderen Menschen kann der Glaube die Kraft geben, die einen das Destruktive überwinden lässt. Mit seinem christlichen Album präsentiert er nicht nur sein längstes Gedicht, formuliert als eine Art Credo, sondern er bedankt sich mit der Musik bei Gott für sein Überleben.

»My music is the spiritual expression of what I am – my faith, my knowledge, my being. I'd like to point out to people the divine in a musical language that transcends words. I want to speak to their souls.«

Kein anderes Album beginnt mit dem Klang eines chinesischen Gongs. In den Zen-Dojos wird damit die Meditationszeit eingeleitet, und Coltrane beginnt damit sein musikalisches Gebet. Selbst die Länge des Albums, 33 Minuten, entspricht in etwa der gängigen Meditationszeit. Das mag ein Zufall sein. Coltrane war an indischer und afrikanischer Musik und Spiritualität interessiert, aber hatte keine direkten Bezüge zum Buddhistischen; für mich war die Länge des Albums jedoch vertraut, weil ich die 35-Minuten-Einheiten des Zazen gewöhnt war. Ich konnte mich also problemlos hinsetzen und es ungestört und konzentriert hören. Alle Religionen mögen Aufzählungen: den edlen achtfachen Pfad, die zweimal sieben Werken der Barmherzigkeit, die Zehn Gebote, die acht Laster; Coltrane benennt nach seinen persönlichen vier edlen Wahrheiten die Sätze seiner Komposition. In Anlehnung an Karl Lippegaus lassen sie sich formulieren:

1 die Einsicht ins Göttliche
2 der Entschluss, Gott zu folgen
3 das Beschreiten des Weges
4 der »Psalm«, die Lobpreisung Gottes

Hört man die Musik als Soundtrack zu diesen vier Stufen, führt sie einen durch Gegenden, die mit Sprache nicht einfach zu erschließen sind. Sie geht in die Tiefe. Die Einsicht ins Göttliche muss keineswegs immer eine drastische Krisenerfahrung an der Grenze zum Tod sein, wie Coltrane oder Cash sie durchlebten. Die Einsicht ins Göttliche kann auch eine schon kindliche Erfahrung sein. Diese wird dann in einen neuen, reiferen Zusammenhang gestellt. Er ist eine Wahrnehmung von Grundvertrauen in etwas, das nicht nur personal ist. Daher wird der Glaube oft als ein Gefühl beschrieben und nicht nur auf rationalen Ebenen verortet. Der Entschluss, Gott zu folgen, meint für Coltrane weniger den Anschluss an eine bornierte Sekte, die einen ins Korsett absurder Regeln zwängt, sondern den Beitritt zu einer Wertegemeinschaft, die sich ethisch am Liebesgebot orientiert. Christ sein bedeutet zu lieben, nicht zu trennen. Den Weg zu beschreiten erinnert mich daran, dass es nicht beim

Christ sein bedeutet zu lieben, nicht zu trennen

bloßen Gerede bleiben kann – auf dem Papier haben wir viele Christen, ganze Parteien benennen sich danach, aber was bedeutet das für unser alltägliches Handeln? Am wichtigsten war mir immer die *Lobpreisung,* so wie Coltrane sie vielleicht meinte: als schöpferisches Handeln. Der Jazzmusiker erzählt von seinem Erwachen zum Glauben im Jahr 1957, der ihm ein reicheres, volleres und noch produktiveres Leben ermögliche. Er versteht seine Musik als Dank. Aus seiner Demut vor Gott erwächst künstlerisch die höchste Schöpferkraft. Die traditionellen Begriffe wecken in vielen Menschen eher negative Assoziationen, und daher rührt ihre Ablehnung: Demut wird mit Unterordnung verwechselt, und Lobpreisung mit der Anbetung von Götzen. Ein Lob zu formulieren mobilisiert hingegen das Maximum von heilsamer Energie. Begeisterungsfähigkeit, Enthusiasmus, die Dichtung von Oden gehören zu den kreativsten Tätigkeiten. Es ist gut, mit ganzer Energie *für* etwas zu sein, damit sich dieses Gute ausdehnt – eine typische Denkfigur buddhistischer Psychologie, die uns Düstermenschen im Westen nicht immer nachvollziehbar scheint. Aber wer das Heilsame ausdehnt, nimmt dem Destruktiven seinen Platz. Wer die Welt verschönert, nimmt der Hässlichkeit seine Macht. Dies hat weder mit Wegsehen zu tun noch mit dem Vermeiden von Kritik. Es ist nur eine andere, eine

Wer die Welt verschönert, nimmt der Hässlichkeit ihre Macht

gläubigere Strategie. Es ist das Element der nicht endenden Hoffnung im christlichen Denken – ein Trotzdem des Weitermachens, ein Sich-nicht-abhalten- und -frustrieren-Lassen.

In Coltranes Komposition wird der Kernsatz seines Gebets – *A Love Supreme* – durch alle Register wiederholt, als existiere Gott in jeder Tonart. Der Glaube wird Klang, weil der Dualismus der Sprache die Tiefe des Glaubens nicht fassen kann. Nach einem Bericht von Alice Coltrane komponierte ihr Mann das Album aufgrund einer *Vision,* also einem tiefen bildhaften Erleben. Diese unkalkulierbaren, kaum ausdrückbaren Eindrücke des Glaubens spielen seit Urzeiten eine entscheidende Rolle. Sie inspirieren und formulieren den Zusammenhang, der auch dann vorhanden ist, wenn wir die Augen schließen. Coltrane reiht sich damit nicht nur ein in die Geschichte großer Komponisten, sondern wird zum Mystiker.

4

WAS SICH FÜGT

Im Sommer 1967, in dem John Coltrane unerwartet starb, traf in New York Patti Smith zum ersten Mal Robert Mapplethorpe. Zu diesem Zeitpunkt war weder sie schon Musikerin, sie schrieb Gedichte, noch war Mapplethorpe schon Fotograf. Sie lebten zusammen im Hotel Chelsea, und erst langsam und miteinander wurden sie zu dem, was sie später berühmt machen sollte. Sie kamen auch in die Kreise um Andy Warhol, in dessen »Factory« sich schöpferische Außenseiter trafen. Warhol soll an dem Tag, an dem Marilyn Monroe starb, das Foto von ihr gekauft haben, das die Grundlage seines berühmtesten Bildes wurde. Aus dem Idol schuf er eine Ikone. Wir wissen heute viel über das tragische Leben der Schauspielerin, einer belesenen und klugen Frau – und in seiner Tragik kann man es nur als »Passion«, als Leidensweg mit Strahlkraft, bezeichnen. Diese Ikone erinnert an das Schicksal von Waisenkindern, an die Folgen von Misshandlung, an die Kraft des Geistes und der Schönheit, an das Ausgeliefertsein an mächtige Männer, an

Götzenbilder, die wir uns von Menschen machen. Was geschieht jenseits der Dogmen, in permanenter Anwesenheit im eigenen Leben? Diese Geheimnishaftigkeit des Alltags zu entdecken öffnet die Tür zur eigenen Glaubenserfahrung.

»Mystery« bezeichnet im Englischen eine Literaturart, bei der es ums Geheimnisvolle und Unerklärliche geht. Das »Übernatürliche« spielt darin eine feste Rolle. Hinter dieser Vorstellung steckt ein Modell von zwei Etagen – unten findet sich die langweilige Natur mit ihren newtonschen Gesetzen, und im zweiten, aufregenden Stockwerk, quasi *über* der Natur, die Welt des Göttlichen (oder Teuflischen). Beide Welten berühren sich in der Regel nicht, außer in bestimmten Romanen oder Unterhaltungsfilmen. Das Motiv der sich öffnenden Portale findet sich in vielen fantastischen Gruselgeschichten. Manche Christen haben diese Zwei-Etagen-Theologie nicht so ernst genommen, weil die Visionen, von denen sie berichten, nicht *über* der Welt, sondern *in* ihr stattfanden. Die Amtskirche sah diese Menschen, mehrheitlich Frauen, oft als Bedrohung und schob ihre Werke als zwiespältige Einzelmeinungen zur Seite. Sie behandelten heilige Frauen wie Teresa von Ávila, Hildegard von Bingen, Mechthild von Magdeburg und andere wie der Großinquisitor Jesus in Dostojewskis Roman »Die Brüder Karamasoff«. Der Inquisitor begegnet dem Gottessohn, steckt ihn in den Kerker, um ihm zu erklären, dass sein Wiedererscheinen eine Gefahr für Kirche und Christenheit darstelle. Symbolisch sperrt er mit ihm zusammen die Mystiker ein. Auch die hielten sich nicht an die Regeln zeitgebundener Dogmen, sondern standen selbst im Gespräch mit Gott. Dabei kamen erstaunliche Themen zur Sprache. Der Gott, den die Kirchen sich gezimmert hatten, entsprach nicht unbedingt dem, der sich in den persönlichen Visionen äußerte. Noch vor wenigen Jahrzehnten war die Beschäftigung mit den Mystikern und Mystikerinnen eine skurrile Subkultur selbst in der Theologie; sie deutet auf die Orden und damit auf eine Spiritualität, die man lieber hinter dicken Klostermauern versteckte. Aber das Bedürfnis, nicht nur von Christen, nach spirituellen Praktiken verschwand nie. Während Kontemplation, Meditation, Herzgebet und Exerzitien jenseits von Religionsunterricht und Heiliger Messe stattfanden und unsichtbar blieben, verbreiteten sich verschiedene ostasiatische religiöse Praktiken im Westen. Ob das chinesische Qigong oder Tai-Chi, ob Taekwondo aus Korea, Yoga aus Indien oder die buddhistische Psychologie aus Vietnam und Tibet, das Zazen aus Japan ... hinter diesen inneren und äußeren Künsten steckt viel mehr als Gymnastik, Kampfsport oder Entspannungstechnik. Zu ihnen gehören in

Der Gott, den die Kirchen sich gezimmert hatten, entsprach nicht unbedingt dem, der sich in den persönlichen Visionen äußerte

religiöser Hinsicht auch Teezeremonien, die Kalligrafie und Dichtkunst; also durchaus alltagsnahe Praktiken. Es waren früh auch Christen, zum Beispiel der Jesuit Hugo Lassalle, der ab den 1960er-Jahren Europäern beibrachte, still im Lotossitz zu sitzen und seinen Atem zu zählen. Zen-Meister wie der Vietnamese Thích Nhất Hạnh oder tibetische Oberhäupter wie der Dalai-Lama wurden ins Exil gezwungen, im Westen aber berühmt; japanische Meister gingen in die USA oder nach Frankreich und gründeten Zen-Schulen. Es dauerte nicht lang, bis Menschen feststellten, dass Ähnliches nicht nur Tausende Kilometer entfernt und unter kulturell völlig anderen Vorzeichen praktiziert wurde, sondern auch im Kloster wenige Minuten entfernt.

Da die Popkultur in einer schnellen Geste die christliche Religion in seiner eng-bürgerlichen Variante und auch als doppelmoralische Dogmenlehre verwarf, wurde mit dem kirchenkritischen Blick die mystische und klösterliche Tradition gleich mit über Bord geworfen. Viele gingen auf Abstand, traten oft auch aus der Kirche aus, obwohl sie durchgehend positive Erfahrungen gemacht hatten – manchmal bloß, um Geld zu sparen.

Aber langsam lockern sich die Vorurteile wieder; die Popkultur entwickelte sich rasant von begründetem Rebellentum zum reinen Kommerz; der Glaube an den Kapitalismus kann eine Jahrtausende überdauerende Religion nicht ersetzen. Nicht nur Ayurveda auf Sri Lanka, sondern auch der Gästetrakt im deutschen Kloster gewann wieder an Reiz. Wer sich auf den Weg kulturell fremder Lehren begibt, der gerät nach einer Zeit näher an die unverwässerten Varianten – und stellt fest, dass zum Beispiel die zen-buddhistische Übung mit Wellness nichts zu tun hat, dass es wenig Raum für Selbstdarstellung gibt und die Kargheit der Praxis eine enorme Herausforderung darstellt. Der Zartheit verwöhnter Bewohner wohlhabender Milieus entspricht diese harte Praxis nicht. Aber wer es ernst meint, der stößt, wenn er etwa im Yoga mehr sieht als ein Mittel gegen Rückenschmerzen, auf etwas, das fasziniert – und einen deutlichen religiösen Charakter hat. Auf den Umwegen werden Türen geöffnet und durch sie hindurchzugehen bringt einen nicht selten zu dem Ort, an dem man als Kind losgegangen war: der christlichen Heimatkultur. Ich habe über Jahre an einer Hochschule Psychologie- und Philosophiekurse mit starken Bezügen zum Zen-Buddhismus angeboten; formstrenge, außergewöhnliche Seminare, die viele Studierende anzogen. Und nach einem Jahr mit ersten Erfahrungen im Zazen, in der Auseinandersetzung mit religiösen Texten, führte das manche nicht nur ins Zen-Dojo, sondern, als die Vorurteile korrigiert waren, auch wieder in die Heilige Messe. Ein Stu-

Auf den Umwegen werden Türen geöffnet, und durch sie hindurchzugehen bringt einen nicht selten zu dem Ort, an dem man als Kind losgegangen war

dent fuhr nach einem solchen Seminar nach Taizé. Angehende Pädagogen sahen an der historischen Reformpädagogik und Jugendbewegung plötzlich nicht nur die Bezüge zur Antike, sondern auch das Wirken des Priesters und Religionsphilosophen Romano Guardini. (Auch wenn an staatlichen Fachhochschulen in der Regel die religiösen Traditionen völlig unerwähnt bleiben.)

Wie erklärt sich der Umweg über zen-buddhistische Lehren? Die meisten ostasiatischen Praktiken kennen weder die westlich-moderne Vorstellung einer Trennung von Körper und Geist, noch erliegen sie dem Irrtum einer die Welt in einfache Dualismen einteilenden Sprache. Gegenüber der Sprache, selbst gegenüber Büchern, bleibt man skeptisch. Es zählt nur: die Praxis. Eine berühmt-berüchtigte Definition des Zen lautet: »Klappe halten, sich setzen und zur Wand drehen.« Für Selbstdarstellung ist kein Platz; in einer Religion, die das Selbst als gefährliche Illusion sieht, wundert das nicht. Dann sind die importierten Lehren in der Regel keine strikten Bekenntnisreligionen und kein Mainstream, sondern Avantgarde oder schicke Subkultur. Was mich am Zen-Buddhismus anzog, war der starke integrative Moment: Diese »Meta-Religion« schätzt das Christliche, und die Meister im Westen fordern Glaubende dazu auf, unbedingt bei ihrer Ursprungsreligion zu bleiben – meditieren könne man trotzdem. Von Thích Nhất Hạnh las ich zuerst ein erhellendes Buch über Jesus und Buddha. Mir erschien schon im Studium das schnelle Bekenntnis zum Christentum ohne jede Praxis der Nächstenliebe als Fehler. Der Buddhismus löst das Problem, zumindest konzeptionell. Niemand fragt »Bist du Buddhist?«, sondern man fragt: »Praktizierst du?« Ich nehme Menschen, die sich täglich diszipliniert auf ein Kissen setzen, ernster als die, die sich nur dem Gerede über Werte und die verkommene Welt hingeben. Ob man Gott durch die Verordnungen einer großen Institution näherkommt, bleibt fraglich, aber immerhin existiert auch der Weg, ihm durch *eigene Erfahrung* näherzukommen. Weder Zen noch Yoga kennen eine zentrale Instanz oder Institution, die Dogmen verkündet oder große gesellschaftliche Macht hätte. Was also manche am Vatikan stört, fehlt – und das öffnet vielen Menschen wieder die Hintertür zur Religion. Dass sie die ostasiatischen Lehren auf einem kulturell christlichen Fundament praktizieren, bemerken viele Glaubende entweder gar nicht oder sie thematisieren dies ernsthaft, wie in religiös integrativen Schulen wie der *via integralis*. Der reflektierte Glaubenswille jenseits der Amtskirchen wird in den 1960er-Jahren von einem Jesuiten erkannt und geschätzt; und er formuliert ein Diktum, das die Tür weit aufstößt:

Ob man Gott durch die Verordnungen einer großen Institution näherkommt, bleibt fraglich

»Der Fromme von morgen wird ein Mystiker sein, einer, der etwas erfahren hat, oder er wird nicht mehr sein.«

Karl Rahner war einer der wichtigsten Theologen des 20. Jahrhunderts, philosophisch geschult und schwierig zu lesen, aber ungeheuer vielseitig. Er war ein Berater fürs Zweite Vatikanische Konzil, unabhängig und einflussreich. Er stand im hohen Diskurs der Theologie und im Gespräch mit Jugendlichen, er wurde an Universitäten und im Kloster gelesen. Ich stieß auf ihn durch einen Zufallsfund, ein schmales Büchlein, »Worte ins Schweigen« (1947), gefunden auf einem Flohmarkt vor meinem ersten Schweige-Retreat. Von der für meine Lesegewohnheiten ziemlich frommen Sprache war ich irritiert. Das Buch besteht aus kurzen Kapiteln, in denen Rahner persönliche Briefe an Gott formuliert. Die Kapitelüberschrift »Gott meines Alltags« zog mich an. Da ich keine Theologen kannte, wusste ich nicht, dass der Mann berühmt war. Und er ist für mich, von diesen Rändern seines Werkes her, selbst ein Mystiker, wenn auch ein ziemlich intellektueller.

Was ist ein Mystiker? Wieder war es ein Jesuit, der mir eine Antwort gab. Und das kam so: Dag Heinrichowski lud mich ein, für das *Jesuiten-Magazin* über das Thema Musik zu schreiben. Ich wählte einen glaubenswütigen Song von Patti Smith, der aber meiner Meinung nach mit dem Christsein viel zu tun hat: *Rock 'n' Roll Nigger*. Schon in den späten 1970er-Jahren war das N-Wort aus guten Gründen verboten, aber im Song kennzeichnet es eben die diskriminierten Außenseiter, zu denen viele gemacht wurden:

Jimi Hendrix was a nigger
Jesus Christ and Grandma, too
Jackson Pollock was a nigger
(…)
Outside of society, they're waitin' for me
Outside of society, that's where I want to be

Jesus ging zu den Außenseitern an den Stadtrand; und außerhalb der Metropolen, zum Teil in den verstecktesten Gegenden der französischen Alpen, wurden Klöster gegründet. Die Urchristen zogen sich meditierend in die Wüste zurück. Aber an all diesen Orten »outside of society« gibt es eine Heimat – Gott. Die einsamen Sucher am Rande erzeugen durch ihr Leben eine spirituelle Energie, die als heilsame Rückwirkung wieder in der Gesellschaft ankommt. Eremiten und Außenseiter können Kraft geben, nur weil sie existieren. Navid Kermani schildert die Musik von Neil Young in ihrer Übersinnlichkeit und im Kontext der islamischen Mystik. Er schreibt ein persönliches Buch, eigentlich eines über seinen Glauben, über sein schreiendes Kind, der Bedeutung der Musik und ihren Zusammenhängen mit der Mystik. Für ihn ist Neil Young ein Mystiker. *»Das Buch der von Neil Young Getöteten«* steht bei mir im Regal neben Texten der Sufi-Tradition, neben Meister Eckhart und Teresa von Ávila. *Die eigene Erfahrung, nicht die Systematik, bringen uns Gott einen Schritt näher.* Neil Young höre ich seit meiner Jugend zu. Und der Grund ist mehr als nur »gute Musik«, der Grund ist eine Berührung und Begleitung durch einen Menschen, der seit Anfang der 1970er-Jahre zu den *Rock 'n' Roll Niggern* gehört.

Seit mich der junge Jesuitenpater beauftragte, über Musik zu schreiben, ist der Austausch mit Dag eine große Bereicherung für mich. Er hörte sich meine Interessen an und erzählte mir von einem Gelehrten, der ihn beeindruckte: von Michel de Certeau. Der jesuitische Professor gehörte zur Generation der französischen Meisterdenker und starb, wie Michel Foucault und Roland Barthes, Mitte der 1980er-Jahre. Auf der Beerdigung trafen sich zum ersten Mal im großen Rahmen und in gemeinsamer Bewunderung für einen Denker die berühmten Philosophen, Psychoanalytiker, Soziologen, Historiker und Theologen, also Menschen aus getrennten, manchmal gar verfeindeten Geisteslagern. Während der Trauerfeier soll der Generalobere gesagt haben: Er sei sich nicht sicher, ob Michel de Certeau Christ war, aber er sei ganz sicher Jesuit gewesen. Das Hauptinteresse von Certeau lag auf der Mystik, und wie Rahner schrieb er zwar vor allem wissenschaftliche Prosa, aber doch wird er über seinen persönlichen Stil und seine Themen zum modernen Mystiker. Er verstand zu lesen, und innerhalb dieses Gelehrtseins, mit dem Blick aus verschiedenen Disziplinen heraus, bekommt sein Denken selbst mystische Kraft. Seine Definition von Mystik ist eigen und schillernd: *»Mystiker ist, wer nicht aufhören kann zu wandern und wer in der Gewissheit dessen, was ihm fehlt, von jedem Ort und von jedem Objekt weiß: Das ist es nicht.«*

Wer Ohren hat, der höre! Das Zitat schockierte mich, und ich trage es seit Längerem mit mir herum. Das große Unglück, die permanente Unzufriedenheit gerade in den freien und wohlhabenden Ländern, beruht vielleicht auf einem verborgenen, aber dennoch falschen Anspruch. Es scheint immer etwas zu fehlen, egal wie gut es uns geht. Die Klagegeister meiden den Vergleich zu anderen Ländern und Kulturen, sowohl zur sozialen Härte der USA, aber vor allem zu armen und diktatorischen Ländern. Und sie gehen stillschweigend davon aus, dass sich alle Sehnsüchte innerhalb dieses Lebens erfüllen ließen. Die Welt und der Kosmos scheinen ihnen dafür quasi verantwortlich, das Leben selbst soll dafür sorgen, dass alle Bahnen pünktlich sind, alle Triebe auslebbar, das Geld einfach auf dem Konto, und natürlich hat jeder einen Generalanspruch auf Gesundheit. Aber all das findet nicht statt. Selbst der vollversorgt Privilegierte kennt ausbleibende Befriedigung. Und ich glaube, Deutsche haben leider ein unfassbar großes Talent für Angst und Unzufriedenheit. Aber wo steht eigentlich geschrieben, dass das Leben uns all das schuldet? Wo steht geschrieben, dass wir aus dem Paradies nie vertrieben wurden? Egal was ich habe, kaufe, erfahre: *Das ist es nicht!* Wer bei dieser Erkenntnis *anfängt,* der kommt in Tuchfühlung mit der Erlösung – weil vielleicht nicht die Welt, sondern nur unsere Erwartung der Königsweg zum Unglück ist. Die Grundenttäuschung resultiert aus unserem Kontakt mit den Früchten des Baums der Erkenntnis, und die möchten wir nicht missen. Sie resultiert nicht aus Fehlern, die andere machen. Nicht andere enthalten uns alles vor, wir tun es selbst. Wer Mystiker sein will – also eigene Erfahrungen machen –, der kann leichter nehmen, was kommt, weil er daran nicht den Anspruch richtet, es sei das Paradies selbst. Diese Haltung schickt einen auf innere und manchmal auch äußere Wanderschaft, wie Certeau meinte. Unsere innere Unruhe, auch unsere positive Energie, treiben uns auf die Suche. Die Suche steht am Anfang jeder Einsicht – ausnahmsweise sind sich hier Religionen und Philosophie

Unsere Erwartung ist der Königsweg zum Unglück

einig. Im Zen-Buddhismus beginnt der Zyklus der Ochsenbilder, der den spirituellen Weg symbolisiert, mit dem »Finden der Spur«. Die philosophische Erkenntnis beginnt mit dem Sammeln von Wissen, mit der tätigen Liebe zur Weisheit, mit der Ursprungsidee des »Studierens«. Der Philosoph Walter Benjamin beschrieb den Studierenden als Urtyp des Sammlers. Nicht ohne Grund sind die langen Pilgerwege, auf denen die Religionen einen schicken, Wege zum Glauben, die man sich erwandern muss. Christen sind ewige Wanderer, und ein Ziel, das man erreicht hat, *ist es nicht*. Auch für den, der in seinem persönlichen Sinne »Gott gefunden« hat, gibt es weitere Herausforderungen. Der Weg besteht auf Erden aus Zwischenzielen, manchmal sind sie ein temporäres Zuhause, aber irgendwann geht es weiter. Gott steckt zwar in allen Dingen, aber festhalten können wir ihn nicht. Er wird nicht *einmal gefunden*, er geht nicht in unseren Besitz über.

Der Weg besteht auf Erden aus Zwischenzielen

Die Begegnung mit mystischen Texten, in denen vom Umgang und der Erfahrung mit Gott berichtet wird, verändert meine Wahrnehmung. Spiritualität bedeutet nichts anderes, als seine Wahrnehmung zu erweitern, offen zu halten – mehr zu sehen. Marilyn Monroe verließ diesen Planeten, aber ein noch unbekannter Künstler kaufte ein Foto, das sie zeigte – und machte sie zur weltlichen Ikone. John Coltrane stirbt, zwei Jahre nach seinem musikalischen Gebet *A Love Supreme,* und im selben Sommer trifft Patti Smith den werdenden Fotografen, der sie in ikonischen Bildern festhält. Später schreibt sie: »Es entzieht sich dem menschlichen Urteil. Denn die Kunst besingt Gott und ist letztlich sein.« Der Kern mystischer Erfahrung besteht nicht aus Worten, obwohl wir für die Vermittlung dieser Erfahrung an andere erst einmal nur Worte haben. Wir teilen die Einsichten von Teresa von Ávila oder Meister Eckhart, weil sie uns Bücher hinterlassen haben. Diese Texte sind filigrane Gewebe, die sich nicht nur warm und einfach um uns schmiegen. Wie Karen Armstrong schrieb, werden »Gefühl und Erfahrung in der Mystik ohne Worte und Begriffe vermittelt«. Es gibt Tage, da sammeln wir Scherben auf, und sie setzen sich zu etwas zusammen. Die Stücke fügen sich, werden wieder eins. Was damit eintritt, ist eine Gegenwart, in der vergangene Offenbarungen für den Augenblick keine Bedeutung mehr haben. Es ist das kurze Einswerden. Dieser Moment ist kein Sturm, er ist etwas Ruhiges. Meister Eckhart forderte dazu auf, sich mit Gott nicht zu viel zu beschäftigen: »Das Höchste und das Äußerste, das der Mensch lassen kann, das ist, dass er Gott um Gottes Willen lasse.«

Es gibt Tage, da sammeln wir Scherben auf, und sie setzen sich zu etwas zusammen

Befreit man sich von der nicht selten ins Esoterische abgleitenden Sprache, befreit man sich überhaupt vom Reden über Gott selbst, dann erkennen wir auch heute Mystiker. Es sind manchmal einfach Meister des Alltags. Der alte Besitzer des Antiquitätenladens, der die Welt verschönernde Künstler, milde Menschen jenseits jeglicher Aggressivität. Sie sind vielleicht so, weil sie eine Erfahrung gemacht haben, die sie über die gewöhnliche und kleinliche Wut gestellt hat. Ihre Heiligkeit besteht nicht darin, dass sie einige Hundert Jahre später zu einer kunstvollen Figur am Portal eines Domes werden. Ihre Heiligkeit scheint auf im unmittelbaren Einfluss auf die Menschen, die ihnen begegnen.

Eine Mystikerin, die im liberalen Islam eine tragende Rolle spielt, fasst für mich in Worte, warum wir uns mit der schlichten Bitte an Gott, überhaupt mit dem zu konkreten Bezug auf ihn, im Weg stehen:

O Gott,
wenn ich Dich aus Furcht vor der Hölle anbete, so verbrenne mich in der Hölle, und wenn ich Dich in Hoffnung auf das Paradies anbete, gib es mir nicht, doch wenn ich Dich um Deiner selbst willen anbete, so enthalte mir Deine ewige Schönheit nicht vor.

Rabia von Basra, die im achten Jahrhundert lebte, thematisierte die Liebe und Freundschaft zu Gott als ein einzigartiges Verhältnis zu absoluter Schönheit. Die mystischen Schichten des Alltags sind an Kurzfristigkeit nicht interessiert. Es gibt Aspekte, die bleiben. Eine Schönheit, die unergründlich tief ist und die jenseits aller Trends liegt. Rabia ermutigte dazu, das schlichte menschliche Denken, das Gott wie einen mächtigen Herrscher sieht, den man einfach bittet, um eigene Vorteile zu haben, zu überwinden. Für diese Einsicht brauchen wir eine Sensibilität für die Schönheit, die sich auch im gottesebenbildlichen Menschen zeigt – und wir brauchen auch die ganz basale Ebene des Denkens. Wie können wir, wenn wir uns mit Gott langfristig anfreunden wollen, ein intelligentes Verhältnis zum eigenen Kopf entwickeln?

Für diese Einsicht brauchen wir eine Sensibilität für die Schönheit, die sich auch im gottesebenbildlichen Menschen zeigt

5

DIE KRAFT DES DENKENS

Denken ist eine ziemlich begrenzte Angelegenheit, aber meist ignorieren wir das. Immerhin können wir so weit Abstand nehmen, um zu erkennen, dass sich in uns Denkmuster abbilden, die wir nicht selbst erfunden haben. Wir werden in diese Welt geschmissen, entscheiden weder über Ort noch Zeit, weder suchen wir uns die Eltern aus noch das Kinderzimmer (wenn wir eines hatten), wir übernehmen nur langsam und mühevoll während es Aufwachsens die Kontrolle. Lang können wir uns nicht einmal selbst ankleiden. Wir sind darauf angewiesen, dass andere uns Essen geben und vor Gefahren des Alltags schützen. Es dauert viele Jahre, bis wir unsere Schuhe selbst mit einer Schleife zubinden können. Ohne einen ganzen Schwung von Untersuchungen, Impfungen und Medikamenten würde nur ein geringer Teil der Menschen überhaupt das Erwachsenenalter erreichen; die Kindersterblichkeit vergangener Zeiten war hoch. Wer das Glück hat, in guten Händen zu sein, der erfährt das alles als aushaltbare Erniedrigung. Aber Heldentum sieht anders aus. Jeder laboriert lebenslang mit den Kindheitserfahrungen, die er gemacht hat, jeder auf seine Weise, aber ganz ohne »struggle« wird niemand groß. Und umso erstaunlicher ist, wie manche das alles wieder vergessen, sich für Götter und Macher halten, alles beherrschen wollen und ernsthaft glauben, jeder sei seines Glückes Schmied. In der Regel denken das vor allem die, die überproportional von anderen gehätschelt wurden, die viel wohlsituiertes Glück hatten und deren Kindheit ein Strandspaziergang war. An die Chancengleichheit glauben nur privilegierte Menschen. Das Erwachsenendasein vergisst, dass wir alle einen langen Weg von Demut und Erniedrigung gegangen sind – dass wir mühsam lernen mussten, »stubenrein« zu werden, und uns die Sprache, in der wir Großspuriges behaupten, von anderen erst einige Jahre lang beigebracht bekommen haben. Im Gegensatz zur Tierwelt brauchen wir fast zwanzig Jahre, bis wir immerhin am Anfang der Erwachsenenwelt stehen. Menschen sind Spätzünder. Vorher geben wir das Geld anderer aus, bekommen Wäsche gewaschen und Essen vorgesetzt, zumindest in einem reichen westlichen Land und in einer bestimmten Schicht. Die Viertel der eigenen Stadt, in denen das alles nicht so läuft, übersehen wir wie die hohe Anzahl von Wohnungslosen, an die wir uns gewöhnt haben. Schon diese wenigen Überlegungen beweisen

Menschen sind Spätzünder

mir, dass mit dem menschlichen Denken etwas nicht ganz stimmen kann. Warum vergessen wir die Hilfsbedürftigkeit und verwechseln uns immer wieder mit Göttern?

Ein kritischer Blick auf die Welt hat in gewisser Weise zwar mit Gott zu tun, aber wir brauchen dafür keinerlei mystische Erfahrung. Wir müssen nur unseren Kopf einschalten. Auch der kommt nicht fertig zur Welt; wir tragen für uns und zum Teil auch für andere die Verantwortung, den Geist zu pflegen und zu entwickeln. Beides fällt schwer: Wir wissen, was wir körperlich brauchen, zumindest wie wir es dosieren sollten – und tun es nicht; und wir haben in Bezug auf den menschlichen Geist nur selten die Einsicht, dass wir auch ihn in gewisser Weise pflegen müssen wie einen Garten. Bildungsideen stehen nicht hoch im Kurs. Die neoliberale Zeit hat an ihre Stelle die reine Qualifikation gesetzt. Marktgängigkeit reicht aus, Bildung ist eher hinderlich. Geld tritt an die Stelle von Tugenden. Da, wo man früher das Herz hatte, haben manche nur noch ein Portemonnaie. Ein ernst genommener christlicher Glaube ist aus der Sicht des Kapitalismus etwas ziemlich Hinderliches; das Wirtschaftssystem ist nicht gerade der Inbegriff von Nächstenliebe oder Mitgefühl. Die

Wir haben in Bezug auf den menschlichen Geist nur selten die Einsicht, dass wir auch ihn in gewisser Weise pflegen müssen wie einen Garten

Marktwirtschaft ermöglicht es als Ausnahme, aber das setzt eine gewisse Selbstlosigkeit voraus. Nur ein durch katholisch-sozialethische Werte abgemilderter »rheinischer Kapitalismus« ist aushaltbar, ohne Filter kommt es zu einer enormen Ungleichheit, die in der Summe alle unglücklicher macht. Im wertebezogenen Modell einer sozialen Marktwirtschaft werden die religiösen Werte selbst nicht zur Handelsware. Sie bleiben geschützt und weitgehend unberührt. Wenn Kirchen zu privatwirtschaftlichen Unternehmen werden, übernehmen Scharlatane den Glauben. Ein unmoralisches, aber ökonomisch gewinnträchtiges Geschäftsmodell von denkdünnen Ersatzgurus und Sekten, das sich von christlichen Werten weit entfernt. Es gehört zum aufgeklärten Denken, das zu erkennen. Die Religion wird dann zur Pathologie, wenn sie der Gewinnmaximierung dient oder nur ängstliche Menschen verführt. Der Kapitalismus ist eine schlechte Religion, ebenso wie jeder Vulgärmarxismus. An die Stelle des Denkens treten niedere Triebe wie Habgier, Neid oder demonstrativer Konsum. Für alle totalitären Ersatzglaubensmodelle sind Menschen, die selbst denken, gefährlich. Und gute Religion entwickelt und fördert wertebezogenes, aufgeklärtes Denken. Der Aufgeklärte ist nicht gegen die Religion. Das waren nicht einmal die Aufklärungsphilosophen, sondern es ging seit

Gute Religion entwickelt und fördert wertebezogenes, aufgeklärtes Denken

dem Anbruch der Moderne darum, unter welchen Bedingungen verschiedene Religionen friedlich koexistieren können. Aus der Sicht des modernen Denkens wird nur eine fundamentalistische Religion abgelehnt, die ihre Welt über das Freund-Feind-Schema entwirft. Die Moderne hat gerade den großen Religionen im Westen große Fortschritte gebracht.

Mich hat an der Geschichte der frühen Christen immer wieder einiges erstaunt: Gerade die Wüstenväter und -mütter, die sich zurückzogen und der Kontemplation widmeten, machten intensive eigene Erfahrungen. Und dies nicht nur mit Gott, sondern auch durch die Kraft ihres Denkens. Wer in religiösen Übungen wie Gebet, Meditation oder Askese seinen Geist klärt, der denkt besser. Es geht dabei nicht um Wellness oder »Seelenruhe«, es geht um die Klarheit des Denkens. Seriöse Meditations- und Gebetstechniken haben nichts mit Trance, Vernebelung oder Suggestion zu tun. Gute Religion wirkt nie wie Opium; sie ist nie, wie Wladimir Lenin meinte, »ein Fusel«, in dem der Anspruch auf ein menschenwürdiges Leben »ersäuft« wird.

Wer in religiösen Übungen wie Gebet, Meditation oder Askese seinen Geist klärt, der denkt besser

Das Religiöse ist für mich eine Konzentrationsübung, die das Denken entwickelt, ohne nur auf

Papier oder Geld zu setzen. Eine weise Übung dafür waren immer wohldosierte Askesemethoden. Im Fasten lernt man, schnelle Impulse, die unser Geist produziert, nicht sofort in Handlungen umzusetzen. Zwischen dem Hungergefühl und dem Griff in die Schokoladenschublade entsteht ein Spalt, der automatisierte Ablauf wird unterbrochen. Ich habe in Fastenzeiten immer wieder aufkommende Suchtgefühle erlebt und aus dem Stolz, ihnen nicht nachzugehen, fließt einem nicht nur Kraft zu – ich dachte auch: Nun übernehme ich die Kontrolle, nicht meine unerwünscht auftauchenden Bedürfnisse. Mein Denken übernimmt wieder die Herrschaft über mein Handeln. Jeder nachdenkende Mensch kennt die Geistesträgheit durch übermäßiges Essen. Die Wüstenväter nannten die mittägliche Trägheit humorvoll den »Mittagsdämon«. Fasten erzeugt durch selbst auferlegten Verzicht eine Erfahrung, die als Selbstermächtigung und Selbstwirksamkeit tief erlebt wird. Freiheit bedeutet, etwas zu können, aber nicht zu müssen.

Das Fasten ist eine Schule des Denkens

Das Fasten ist eine Schule des Denkens. Es geht dabei nicht um Diät, Gesundheitskult oder religiöse Angeberei. Es lohnt sich daher, die alten Fastenlehren genauer anzuschauen – sie sind streng, aber nicht starr, sie fordern dazu auf, vor anderen nicht mit dem Fasten anzugeben. Fasten ist eine einsame, ruhige Angelegenheit. Und, wie oft in katholischen

Lehren, zugleich menschlich: Viele vergessen, dass der Sonntag kein Fastentag ist und das Gebot der Nächstenliebe in der Form der Gastfreundschaft wichtiger zu werten ist als jede Diät.

Die Wüstenväter begegneten in ihrem Alltag einer ganzen Reihe von Verlockungen und Lastern, die sie in der Laster-Lehre beschrieben. Es handelt sich dabei um eine ausgefeilte Psychologie, die auf der eigenen Erfahrung beruht. Vom Drang, zu viel zu essen, sich rücksichtsloser Lust hinzugeben, neidisch zu sein oder geizig, sich der Traurigkeit widerstandslos hinzugeben oder uns als Opfer zu fühlen, ungezügelte Wut rauszulassen oder faul zu sein, ist niemand gänzlich frei. Die Hochkultur zivilisierten Verhaltens, auch der Eleganz, besteht in gewisser Weise nur, weil wir den Umgang mit diesen destruktiven Seelenanteilen erlernen. Der läuternde Umgang mit Lastern ist ein Barbareiverhinderungssystem. Wer es schafft, sich nicht gehen zu lassen, ohne zwanghaft zu werden, rettet die Welt. In uns sind eine ganze Menge Kräfte, Energien und Triebe. Sie sind ein Motor für schöpferisches Handeln, aber eben nur, wenn diese Richtkräfte bereinigt sind, stimmig mit uns und der Umwelt. Unser Kopf gibt uns die Möglichkeit, scharf über die Psychologie, der wir ausgeliefert sind, nachzudenken. »Denken hilft«, schrieb Joseph Beuys einmal auf eine gelbe Karteikarte. Nur wer klar sieht, verläuft sich nicht im Nebel. Ich empfinde es als entlastend, zu wissen, dass mein seelisches Erleben durchzogen ist von Lastern, die niemals verschwinden werden – und die ich niemals ungezügelt ausleben muss. Das religiöse Leben ist ein Lehrgang in wohldosiertem Lastermanagement. Auch hier haben wir die Wahl: Geiz lässt sich in Sparsamkeit verwandeln, Neid in Anstrengung, rücksichtslose Sexualtriebe in einvernehmliche Erotik, die Faulheit in Muße. Das geschient nicht von selbst, aber es lässt sich üben, erlernen. Ich bin mir sicher: Dieser Bildungsprozess wird niemals enden; kleine Schritte genügen, aber ich gehe niemals einen zurück.

SÜNDE

Sie ist ein seit Urzeiten uns überstrahlender Zustand. Eine Welt ohne Sünde ist ein Paradies, aber die Tür dorthin ist verschlossen. Im Gegensatz zu den Lastern sind Sünden kein Bestandteil der menschlichen Psyche, sondern die Ferne zu Gott. Wir sind ungewollt in sie verwickelt, sie betrifft eher die Haltungen und nicht nur die Handlungen.
»Wer frei von Sünde ist, der werfe den ersten Stein«, sagt Jesus im Neuen Testament, als es um den Umgang mit der Sünderin geht. Und keiner der Anwesenden wirft.
Auch in den raueren Gegenden des Alltags sind wir auf metaphysische Weise miteinander verbunden, daher entsteht als Reaktion auf Leid das Mitgefühl, daher betrifft uns auch historisches Unrecht. Die Sünde wird sporadisch mit Moral verwechselt, gerade in Hinblick auf die lebensbejahende Sinnlichkeit der körperlichen Liebe. Im Hinblick auf die Erotik oder die Arbeitsmoral bildet die Sünde den Kampfbegriff derer, die das Glück und die Schönheit nicht als Teil der Schöpfung akzeptieren. Wer nicht liebt, brütet die Pest aus. Wer nicht liebt, sündigt.

Eine Einsicht wird nicht untrainiert zum tiefen Gefühl. Die Entscheidungen unseres Kopfes allein steuert noch nicht unser Handeln. Erst wenn Einsichten auch zu Emotionen werden können, entsteht die Stimmigkeit, die unsere inneren Richtkräfte bereinigt und in Handlungsenergie verwandelt. Die Nonnen und Mönche aller Religionen haben dafür eine Reihe praktischer Techniken entwickelt, weil sie um die undurchsichtigen Probleme menschlicher Psychologie wissen. Ihre Lebensform stößt sie darauf. Gebet, Meditation, Kontemplation sind nicht nur Gottesdienst oder rituelle Erfüllung religiöser Tradition – sie sind ein ausgeklügeltes Selbstbildungsprogramm. Im Zen sieht man die Meditation immer als einen Dienst für andere, als Training im Mitgefühl. Der spirituelle Rückzug ist nichts Egoistisches. Das Reinigen des eigenen Geistes reduziert das Maß, in dem wir die Welt draußen mit unseren Lastern verschmutzen. Nicht die Welt ist die Katastrophe, sondern das, was Menschen aus ihr machen. Ich bete niemals für mich – ich bete für andere. Das innere Mitgefühl lässt sich ausdehnen. Ich widme und schenke es anderen, wenn ich bete oder meditiere. Es ist, als würde man eine große Wohnung sehr gründlich aufräumen, damit sich die Gäste darin wohl- und sicher fühlen. Wer an sich arbeitet, ohne sein Ego nur esoterisch zu überhöhen, der wendet sich der Welt und anderen auf eine heilsamere Art zu. Im

Alltag, in kleinen Aspekten zeigt sich das. Wer sich gut kleidet, zaubert anderen ein Lächeln ins Gesicht. Wer sich guten Tee zubereitet, bieten ihn anderen an. Wer Ordnung schafft, der erzeugt eine Form, die auch andere hält. Nichts davon ist Zauberei oder geheimnisvoll, es sind Resultate des Nachdenkens.

Es geht nie darum, einfach mal zu machen. Joseph Beuys bezeichnete »einfach mal machen« als eine Ideologie der Kreativität. Alles rauszulassen, das »Fließen-Lassen«, das unvorbereitete Agieren führt zu nichts.

Ich glaube nicht, dass der Weg das Ziel ist. Im Zen geht man davon aus, dass Ziel und Weg eins sind – aber das ist ein großer Unterschied zum aktionistischen Umherirren. Jede Pilgerwanderung hat ein klares Ziel, einen Ort, der erreicht werden soll. Wege sind nie geradlinig, aber sie sollten zu etwas führen. In uns sind Kräfte, die keineswegs nur gut sind, und sie ungefiltert rauszulassen birgt Gefahren. Der schöpferische Mensch lebt und glaubt in einer permanenten Vorbereitung – und zugleich hat das Leben nichts von einer Generalprobe: Wir sind immer schon in der Aufführung, wir sind »live«. Sich mit den Existenzphilosophen einzulassen erinnert daran: Wir sind zur Freiheit verurteilt, und die erzwingt eine humane Verant-

Wege sind nie geradlinig, aber sie sollten zu etwas führen

wortung. Wir stehen in einer absurden Welt, rollen den Stein wie Sisyphos immer wieder den Berg hoch – aber der lächelnde Trotz, mit dem wir das tun, erzeugt Sinn. Viele geben selbst unter besten Rahmenbedingungen auf – dabei sollten wir sogar unter schlechten Voraussetzungen durchhalten und dranbleiben. Die Wenigen, die das schaffen, sind für mich die »maßgebenden Menschen«. In christlicher Sprache: Sie sind Heilige. Sie lassen sich vom Denken nicht traurig machen.

Viele geben selbst unter besten Rahmenbedingungen auf

Für Joseph Beuys war diese Gesellschaft, das ganze Leben wie eine Plastik, an der wir durch soziales und kommunikatives Handeln mitarbeiten. Niemand kreiert diese Plastik allein, aber jeder hat Anteil. Das Schöpferische ist für ihn daher kein bloßer Job, es ist eine Lebensform. Damit wird alles, was wir tun, zur Vorbereitung, zur Form, die auf uns zurückwirkt. Als mir dieses Denken begegnete, wusste ich, dass es mehr mit meinem Glauben als mit Kunstgeschichte zu tun hat. Beuys ist ein moderner Mystiker, aber jemand, der wollte, dass wir nachdenken. Und obwohl seine Kunst visionär und daher oft unverständlich ist, lässt sich sein Denken klar nachvollziehen.

Ich habe mir darüber Gedanken gemacht, als ich vor dem Portal des Kölner Doms stand. Dort hat Beuys, noch als junger Mann, zusammen mit seinem

Lehrer, eine Tür gestaltet. Man bemerkt sie gar nicht. Doch hat man sie einmal entdeckt, fragt man sich, wie man vorher etwas so Auffälliges übersehen konnte. Er hat sogar seinen Rasierspiegel mit untergebracht. Seine Formen folgen nicht der Gotik des Gesamtbauwerks. Diese Kathedrale ergreift mich immer wieder mit ihrer Schönheit. Ihre Vielfalt spricht: von den alten Kirchenfenstern bis zu denen von Gerhard Richter, von der einschüchternden Gotik bis zu den Türen von Joseph Beuys. In der Corona-Zeit, als ich die Einsamkeit und Isolation herausfordernd fand, konnte ich durch einen Zufall einmal im Dom sein. Ganz allein mit einer Freundin, denn eigentlich war die Kirche gesperrt. Die Domschweizer, die an der Tür die wenigen Touristen abwiesen, sagten uns, wir könnten nur hinein, um zu beten. Wir wollten beten und saßen also ganz allein im Dom. Das Gefühl werde ich nie vergessen. Gewöhnlich laufen täglich bis zu 20 000 Menschen durch diesen Bau. Und wir saßen dort allein. Ich betete ein *Vaterunser,* dachte aber vor allem nach. Wenn man bedenkt, wie viele Gebete und Gesänge in diesem alten Bauwerk gespeichert sind, wird man demütig. Ich dachte wieder über Kunst, Philosophie, Theologie und Religion nach.

Ich erinnerte mich im Dom, und ich kann nicht sagen, warum, an einen Philosophieprofessor, den ich gar nicht so sehr schätze. Aber er war in einer Zeit, in der sich engagierte Studierende zwischen

Frankfurt und Münster als favorisierte Universitäten entschieden, einen ganz anderen Weg gegangen. Die Landkarte der Geistesgrößen im Nachkriegsdeutschland boten Theodor W. Adorno, Max Horkheimer, Jürgen Habermas in Frankfurt – die gesellschaftskritische Theorie – und auf der anderen, »politischen« Seite Helmut Schelsky, Josef Ratzinger, Karl Rahner und Hans Blumenberg in Münster. Vereinfacht gesagt entschied man sich in den späten 1960er-Jahren zwischen fortschrittlich und konservativ, zwischen kritischer Soziologie und neuer Theologie. Aus heutiger Sicht eine viel zu einfache Unterscheidung, die späte kritische Theorie war konservativ, die berühmten Theologen in Münster galten als fortschrittlich. Doch in der Wahl zwischen diesen polarisierenden geisteswissenschaftlichen Inseln entschied sich mein Professor, an den ich im Dom denken musste, für keine der beiden Universitäten. Er ging nach Basel und studierte bei dem Philosophen Karl Jaspers. Mir begegnete jedenfalls als völlig ungebildeter Erstsemesterstudent, der kaum eine anspruchsvolle Zeitung ganz durchhielt, zuerst eine liberale, für die Religion offene Spielart der Existenzphilosophie.

Karl Jaspers war zwar an den Universitäten »out«, aber er war für viele Gelehrte ein fester Orientierungspunkt jenseits von Radikalität und intellektuellen Moden. Immer wieder traf ich Männer und

Frauen, gerade auch außerhalb der Philosophie, die seine Bücher am Schreibtisch stehen hatten. Jaspers war der Philosoph, dessen Wissen mir nicht nur aus Papier erschien. Schon als Jugendlicher bekam er eine Lungenkrankheit diagnostiziert, und die Ärzte gaben ihm eine pessimistische Diagnose. Nur durch harte Disziplin und einen regelmäßigen Tagesablauf konnte er gesund bleiben. Er studierte zuerst Rechtswissenschaft, wurde Mediziner und Psychiater und wechselte später erst zur Philosophie. Er brachte damit den unkonventionell klaren Blick des Quereinsteigers mit. In seiner Sicht entsteht Philosophie da, wo Menschen wach werden. Nur vierzehn Tage, bevor er in ein Konzentrationslager gebracht werden sollte, befreiten US-amerikanische Truppen Heidelberg.

Mein Kontakt mit der Theologie und die Vertiefung des Glaubens haben meine Sicht auf die Philosophie zwar verändert, aber nicht auf Karl Jaspers. Gläubige sind zwangsläufig Menschen, die philosophieren. Das begründet sich in ihren Zweifeln, aber auch durch die Kraft, mit der sie die Wahrheit suchen. Die Liebe zur Weisheit ist das Geschäft der Philosophen – aber sowohl die Liebe als auch die Wahrheit sind Grundthemen der Weltreligionen. Die Wege, vielleicht sogar eher: die Texte, in denen sich die Suche niederschlägt, unterscheiden sich im Stil; aber insgesamt rücken sie für mich immer näher zusammen. Was an den Universitäten kritisch distanziert bleibt, findet im realen Leben zusammen. Nachdem mich die französischen Existenzphilosophen und ihr Humanismus wachgerüttelt hatten, fand ich in einem Buch von Albert Camus Passagen zu Karl Japsers. Und in Golo Manns *Deutsche Geschichte* wird er über alle Töne gelobt. Ich habe meinen Zivildienst in der Psychiatrie absolviert, und Jaspers hatte, noch als Mediziner, ein Standardlehrbuch dazu verfasst. Er rückte also näher. Hannah Arendt erwähnte Jaspers in ihrem legendären Gespräch mit Günter Gaus; sie habe in ihm die reine Vernunft vor sich gehabt. Der Briefwechsel zwischen ihr und ihrem väterlichen Lehrer ist ein Jahrhundertbuch.

Da ich als Student wenig Geld hatte, konnte ich mir nicht einfach seine dreibändige *Philosophie* zulegen. Aber *Die geistige Situation der Zeit,* ein schmales Bändchen, konnte ich kaufen. Unter dem Weihnachtsbaum lagen dann andere Bücher von Jaspers, und ich saß jeden Tag früh am Schreibtisch und ackerte sie durch. Mit jeder Seite hatte ich mehr den Eindruck, dass ich nicht nur im Rahmen meines Studiums lernte, sondern dass dies alles mein Leben betraf. Vor mir lagen Bücher eines Denkers, der sah, dass Gläubige ebenso wie Sinnsucher in einen größeren Zusammenhang gestellt sind, von etwas Unfassbarem »umgriffen« werden. Und dass die Offenbarung uns keineswegs davon befreit, selbst zu denken. Mein Christsein verstehe ich daher auch als philosophischen Glauben. Jaspers schreibt in seinem Buch *Der philosophische Glaube angesichts der Offenbarung:*

»Glaube ist nicht ein Wissen von etwas, das ich habe. Sondern die Gewissheit, die mich führt. (...) Glaube ist der Grund vor aller Erkenntnis. Er wird im Erkennen heller, aber nie bewiesen.«

Das Geheimnisvolle, dem wir auch im Alltag begegnen, nennt er »Chiffren der Transzendenz«. Sie bilden eine Art Geheimschrift, an deren Entzifferung der Gläubige lebenslang arbeitet. Was wird mir gesagt? Worin besteht die Lektion? Atheismus wäre eine partielle Blindheit gegenüber Ereignissen und Symbolen, die auf einen größeren Zusammenhang verweisen. Oder er ist eine temporäre Entscheidung, über die Gesetze der Welt rein materialistisch nachzudenken. Das gläubige Leben wäre ein Bildungsgang, der an der Wahrnehmungsfähigkeit und Sensibilisierung fortlaufend arbeitet, ohne in esoterischen Spiritualismus abzugleiten. Philosophie zu studieren schult das Denken und schützt vor Pathologien. Aber meine Zweifel an verkopfter Wahrheit entstanden, weil es nur partiell die Wahrnehmung öffnet. Innerhalb vieler Systeme wird das Wesentliche unsichtbar, nur weil es nicht in die entsprechenden Schemata passen will. Gott passt nicht einmal in die Sprache, die Komplexität unseres Lebens auch nicht. Auf der Suche nach Wegen nützten mir die Vernunft und Klarsicht, mit der Karl Jaspers Weisheit und Wahrheit verbindet. Die Selbstwerdung kennt für ihn nur zwei Wege, die beide wechselseitig beschritten werden müssen: den der existenziellen Kommunikation und den der stillen Meditation. Für sich allein sind sie leer. Zusammen sind sie die Grundlage meines Christseins.

6

DAS INNERE GEBET

Was Kommunikation bedeutet, glaubt jeder zu wissen. Sie wird seltener als etwas betrachtet, das man erlernen muss und kultivieren sollte. Die Ablösung tiefer gedachter Bildungsideale durch bloße berufliche Qualifikation spielt dabei eine große Rolle. Die gängigen »Kommunikationstrainings« sind zweckrationale Veranstaltungen, die karrierefördernd wirken sollen; es geht um Strategie, Überredungskunst und Ähnliches. Hier geht es nicht mehr um die Schulung wohlgesetzter Worte, um die Entwicklung von Charisma, Haltung und Rhetorik in antiker Manier, sondern der Markt produziert anhand billiger Tricks »Speaker« – und das ist, nicht nur wegen des Anglizismus, etwas vollkommen anderes. Vor der Tür stehen von Algorithmen erzeugte »Texte«.

Auf das Sprechen in einem ethischen Sinn, auf eine umfassende »Redekunst«, wird nur wenig Aufmerksamkeit gelegt. Kaum jemand strebt eine natürliche, aber achtsam-elegante Kommunikation an. Ein zärtlicher, feinsinniger Ausdruck scheint eher hinderlich. Ähnlich wie gute Kleidung gibt eine gute Sprache manchen Anlass für Spott. Seit über einem halben Jahrhundert dringt die Marketingsprache bis in jede Ecke der Existenz, aber wer nur dieses Sprachspiel kennt, der kann Komplexeres nicht mehr ausdrücken. Vieles kommt daher gar nicht mehr zur Sprache und somit nicht mehr zur Welt. Diese dauerhafte neoliberale Gehirnwäsche wirkt, vieles verkümmert: Der Wortschatz wird kleiner, die Konzentrationsspanne kürzer, Emotionen werden zu Emojis, und die Welt wird in 15-sekündigen Tänzen präsentiert. Der Massenkonsum erzeugt eine eher passive und angepasste Haltung. Ein vulgärer Funktionalismus bestimmt die Atmosphäre, es wird gefiltert, verdünnt und auf Oberflächenästhetik gesetzt. Aber das Leben ist eben nicht ganz so einfach, nicht alles passt in 140 Zeichen.

Das Christentum kennt Gebote, komplexe Geschichten und mystische Gottesschau, aber eben keine Claims

Das Christentum kennt Gebote, komplexe Geschichten und mystische Gottesschau, aber eben keine Claims – sein »Return on Investment« ist nicht messbar, man bekommt Gott nicht »on point«. Eine Fernsehjournalistin forderte mich vor laufender Kamera am Rande eines Vortrags einmal auf, mein Buch »in einem Satz zusammenzufassen«. Ich antwortete: »Wenn das möglich wäre, hätte ich es nicht geschrieben.« Sie schüttelte unwillig den Kopf und filmte mich, wie ich schweigend im eigenen Buch blätterte.

Zu jeder religiösen Sprache gehört ein gewisses Sprachniveau; hier geht es nicht um Entweder-oder, um nur binäre Unterscheidungen. Glauben *und* Zweifel gehören zusammen, Freiheit *und* Angst, Sterben *und* Auferstehung – der Glaube konfrontiert uns mit der Paradoxie der Existenz. Was Christen glauben, ist widersprüchlich, undurchsichtig, geheimnisvoll *und zugleich* glasklar – deshalb ist es Glaube. Um Worte für etwas jenseits der Worte zu finden, brauchen wir Sprachhandwerk, Sprachgefühl und Intuition; um Glaubensfragen stellen zu können brauchen Menschen eine sensibel-tolerante Haltung gegenüber individuell verschiedener Erfahrung. Der Austausch dieser Erfahrungen ist selbst eine Dimension des Menschseins. Niemand macht nur mit sich selbst aus, was Jesus in die Welt brachte. Ich bin verwickelt in etwas, das ich nicht verstehe. Das erzeugt das Bedürfnis, darüber zu sprechen und auch der Komplizenschaft mit anderen. Mit diesen anderen Christen bin ich verbunden, obwohl sie nicht auf alle Fragen meine Antworten finden. Ich setzte auf die tiefere Verbindung, die jenseits sprachlicher Benennung existiert.

Niemand macht nur mit sich selbst aus, was Jesus in die Welt brachte

Vielleicht komme ich deshalb mit vielen Menschen irgendwann auf Gott, zumindest wenn eine gewisse Qualität der Begegnung erreicht wird. Die Anpassung an oder zumindest der Respekt vor Ritualen, die eine Tradition vorgibt, ist dabei hilfreich, aber sie reicht nicht aus. *Anpassung* ist keine Kardinaltugend. Ich bin nicht Christ, nur weil mein Kulturraum oder meine Familie es vorgeben. Jesus hätte beides als Grund nicht akzeptiert, schätze ich. Gerade gegen die krude Rationalisierung der Moderne ist es hilfreich, dass Judentum, Christentum und Islam Buchreligionen sind. Das tiefere Lesen ist eine der abendländischen Formen der Versenkung. Wer liest, ist allein, in Stille, kommuniziert mit den Quellen selbst. Tora, Bibel und Koran sind keine Betriebsanleitungen, sondern Sammlungen voller Variantenreichtum; nicht das Wortwörtliche, sondern der Geist der Schriften speichert die Religion. Gerade für westliche Kulturen ist das wiederholende Lesen Heiliger Schriften immer mehr gewesen als bloße Informationsaufnahme; und daher ist der Umgang mit einem Buch als wertvollem, charakterstarkem Objekt auch etwas anderes als das Blaulicht eines »E-Books«. Zu wenigen Gegenständen kann man ein so inniges und langlebiges, zum Teil über Generationen vererbtes Verhältnis haben wie zu einem Buch. Mit kaum etwas verbringen wir so viel

Wir erfahren lesend auch die Begegnung mit etwas, das mehr ist als unsere materielle Welt

Zeit allein und in Stille und erleben zugleich so viel. Wir erfahren lesend auch die Begegnung mit etwas, das mehr ist als unsere materielle Welt. Der Schriftsteller Roberto Bolaño gibt dieser Allumfänglichkeit Ausdruck in einem Gedicht:

Lesen ist wie denken,
wie beten, wie mit einem guten Freund
reden, wie seine Ideen darstellen,
wie den Ideen der anderen zu lauschen,
wie Musik hören (doch, doch),
wie eine Landschaft betrachten,
wie am Strand spazieren gehen.

An den tieferen Gehalt der Heiligen Schriften kommt man nicht nur, indem man Buchstaben entziffert. Das Wort spricht, nicht nur die Wörter. Es zählt nicht nur, was geschrieben steht, sondern die Erfahrung und Intention der Menschen, die das göttliche Wirken bezeugen. Die Kommunikation selbst hat mit der Vergänglichkeit zu tun. Der Philosoph Vilém Flusser wies darauf hin, dass wir in einer stillen Umgebung den Tod durch die Kommunikation temporär überwinden. Allerdings nicht durch jede Art von Kommunikation. Die oberflächlichen, zerstreuenden, verdinglichten Kommunikationsweisen sind unbelebt; sie verdrängen, worum

Das Wort spricht, nicht nur die Wörter

es geht. Karl Jaspers sah aber auch eine tiefere, *existenzielle* Kommunikation: »*In der Kommunikation, durch die ich mich selbst getroffen weiß, ist das andere nur* dieser *Andere (...). Existenzielle Kommunikation ist nicht vorzumachen und nicht nachzumachen, sondern schlechthin in ihrer jeweiligen Einmaligkeit.*«

Es sprechen zwei Menschen miteinander, die nichts anderes repräsentieren als sich selbst; der Dialog vollzieht sich zwischen Einzelnen. Es kommt zu einer echten *Begegnung*, ein Gegenbegriff zu »Network« oder zum »Kontakteknüpfen«. Wer Menschen begegnet, der kommt eine Zeit lang ohne Handy aus. In keiner Kultur und unter keiner Diktatur war diese Fähigkeit tiefer Verbundenheit der Menschen auszulöschen. Sie ist für Gläubige tragend, weil der Austausch und die Vorbildlichkeit anderer wichtig sind.

»*Kommunikation findet jeweils zwischen Zweien statt, die sich verbinden, aber zwei bleiben müssen – die zueinander kommen aus der Einsamkeit und doch Einsamkeit nur kennen, weil sie in Kommunikation stehen*«, schreibt Jaspers.

Nach dem Fachabitur fuhr ich mit dem Fahrrad einige Wochen allein durch die Pyrenäen, völlig unvorbereitet, mit wenig Geld und ohne Fremdsprachenkenntnis. An einem ziemlich üblen Tag, der mich über zwei Bergpässe führte, landete ich auf einem Campingplatz. Dort war außer mir nur noch ein Mann: ein Benediktiner, der Urlaub machte. Wir teilten unser Essen, tranken Wein und sprachen die ganze Nacht miteinander. Mein Interesse an Religion war gering, aber die Unmittelbarkeit des Miteinandersprechens, die Haltung des Mannes und überhaupt, dass ich ihm an einem überfordernden Tag begegnete, die Sommernacht unter dem Sternenhimmel, allein in der Bergen – dies alles hat Spuren in mir hinterlassen. Das Ereignis hat auf etwas uns alle Umgreifendes hingewiesen, und es war in dieser Situation für mich spürbar. Ich begegnete in dem Mann einer Nuance von Heiligkeit.

Nur wer lesen kann, verbindet sich mit fernen Zeiten und fernen Kulturen

Um sich zu sensibilisieren, um Tieferes, Widersprüchliches ausdrücken zu können – und allein unsere Emotionen sind komplex –, brauchen wir eine Ethik des Sprechens. Und wir brauchen einen Wortschatz, aus dem wir uns leichthändig bedienen können. Der Mensch ist mit der Fähigkeit in die Welt geschickt, seine Sprache zu entwickeln, aber tun müssen wir das selbst. Die drei Weltreligionen geben uns die Möglichkeit, im *Studium von Texten* unsere Existenz zu verstehen. Nur wer lesen kann, verbindet sich mit fernen Zeiten und fernen Kulturen. Diese Sprache muss man sich erarbeiten, durch Lesen, durch Schreiben, durch tiefe Dialoge. In Bezug auf ganz alltägliche Sprechsituationen fällt mir häufig ein Ungleichgewicht auf. Wenn ich in einem Café sitze, dann beobachte ich gern die anderen Menschen. Abgesehen davon, dass viele ihr Smartphone vorziehen, auch wenn sie mit anderen unterwegs sind, reden vor allem die Männer. Einmal habe ich die Redeanteile an einem Tisch neben mir gemessen – 80 Prozent der Zeit sprach einer, der andere hörte nur zu und langweilte sich. Geselligkeit und Begegnung bestehen nicht nur aus der gleichzeitigen Anwesenheit von Körpern in einem Raum – sie entstehen aus einem Dialog heraus. Vielleicht sollte man sich den wie ein ruhiges, kooperatives Ballspiel vorstellen: Man schlägt einen Ball ins Feld des anderen, und er schlägt ihn zurück. Aber dieses Hin-und-Her, bei dem wir darauf achten müssen, dass der Ball überhaupt im Spielfeld des anderen landet, dass er parieren kann und wir nicht auf seinen Körper zielen, wird oft durch etwas anderes ersetzt. Konversation ist kein Spiel, bei dem es ums Gewinnen oder Konkurrieren geht. Manche Menschen treffen andere nur, weil sie ein Publikum brauchen. Sie fragen nie, und sie verhalten sich wie eine Ballmaschine. Sie schlagen ständig Matchbälle, als handle es sich um einen Wettkampf. Sprechen sollte eine abwechslungsreiche Angelegenheit sein, die einvernehmlich thematisiert, was beide angeht. Und auch jenseits oder vor der Sprache existiert eine unendlich vielfältige Welt. Erst vor diesem Hintergrund der Unendlichkeit bildet sich ab, was wir Dialog nennen.

Kommunikation ist mehr als Sprache. Die Welt des Nonverbalen, über Gesten und Mimik, Körpersprache und wortlose Bewegungen, berührt Aspekte, vor denen die Sprache endet. Es gibt manchmal nichts mehr zu sagen, weil Worte nicht ausreichen. Der Sänger Nick Cave berichtet von der schweren Zeit, nachdem sein Sohn bei einem Unglück gestorben war. Ein unendliches Chaos sei in ihm gewesen, und er hätte kaum gewusst, wie es weitergehen könne. Viele hätten sich mit heilsamen Worten an ihn gewandt, aber in Erinnerung an diese Zeit blieb ihm eine kleine Geste. In einem vegetarischen Restaurant in Brighton stand eine Frau hinter der Theke, die ihn behandelte wie alle anderen Gäste.

Kommunikation ist mehr als Sprache

»Sie gab mir mein Essen, und ich gab ihr das Geld, und (…) als sie mir das Wechselgeld gab, drückte sie meine Hand. Absichtsvoll. (…) Die einfachste und deutlichste aller Gesten, gleichzeitig aber bedeutete es mehr als alles, was man mir versucht hatte mit Worten zu sagen.«

Die Sprache endet, und irgendwann auch die nonverbale Kommunikation – für beides brauchen wir eine Quelle, aus der sich speist, was wir überhaupt austauschen und mitteilen. Die wohldosierte Einsamkeit ist eine Voraussetzung dafür, dass wir gehaltvoll kommunizieren. Alles andere ist nur belangloses Gerede. Es ist die existenzielle Kommunikation, die uns nach der Vertreibung aus dem Paradies ermöglicht, die Isoliertheit zu überwinden; wir lernen durch sie von anderen zu lieben. Für Jaspers gab es nur komplementäre Wege zur Selbstwerdung: um etwas über Kommunikation zu lernen, überhaupt jemand zu sein, der etwas zu kommunizieren hat, müssen wir temporär innehalten, uns zurückziehen, uns versenken. Aber was ist Meditation?

Es sagt viel über die christlich-bürgerliche Alltagskultur, dass mir die Begriffe »Meditation« und »Kontemplation« über den Umweg ostasiatischer Religionen zuerst begegnet sind. Es gibt das äußere, von der Kirche vertretene Christentum, präsentiert durch Dogmen, Regeln und Formen bürgerlicher Anpassung – eine bis heute ausstrahlende Enge; homophob, intolerant und doppelmoralisch. Und als Gegenwelt, eingeschlossen und versteckt hinter Klostermauern, den unendlichen Kosmos reflektierter Spiritualität, Mystik und Glaubenspraxis. Der Glaube ist hier Lebensform, nicht Machtpolitik. Der Buddhismus kennt das religiöse Doppelleben von weltlicher Institution und zurückgezogener Spiritualität nicht. Man praktiziert den Glauben oder ist kein Buddhist.

Ich war Mitgründer eines Vereins für »psychosoziale Bildung«, ein Arzt und Psychoanalytiker war die treibende Kraft. Er lud Ärzte, Theologen, Therapeuten und buddhistische Lehrer dazu ein. Ich war als Philosoph dabei, jünger als die anderen, und fühlte mich geehrt. Bei den Vereinssitzungen saß ein Mann neben mir, der mich sehr beeindruckte. Yesche Regel war 17 Jahre ordinierter buddhistischer Mönch in einer tibetischen Tradition gewesen und leitet nun eine Meditationsschule. Ein in sich ruhender, konzentrierter Mann, elegant in seinen Formulierungen, passiv und doch mit klarer Meinung; er beeindruckte mich. Mein Leben war bestimmt durch Studium und Promotion; ich war unruhig und kreiste um meine Probleme, meine Gedanken sprangen, ich war nervös und enthusiastisch. Nach einem Gehörsturz hatte mir der Arzt empfohlen, einen Gang rauszunehmen, und dazu gäbe es eine Menge, was man tun könne. Mein leistungskrankes Leben auf dem Rennrad war offensichtlich nicht sehr geeignet gewesen, den beruflichen Stress auszugleichen. Aber obwohl Yesche meine Unruhe sicher spürte, sprach er mich nicht darauf an. Der Buddhismus kennt keinen Missionsgedanken, man kann zu ihm finden oder nicht, aber es muss aus freien Stücken geschehen. Also fragte ich ihn, ob ich einmal bei ihm vorbeikommen könne. So kam es zu meinem ersten Besuch in der wöchentlichen, offenen Meditationsstunde.

Einige Wochen später, an die Geistesruhe-Meditation schon etwas besser gewöhnt, nahm ich an einem Retreat teil. Ergänzend zum täglichen Beten kam das »Sitzen«. Im ehemaligen Benediktinerkloster in der Eifel, oben auf einem Berg, liegt das Kamalashila-Institut, ein tibetisch-buddhistisches Meditationszentrum. Im kleinen Buchladen dort kaufte ich meine erste Klangschale und ein Meditationskissen; mir wurden Bücher des vietnamesischen Zen-Meisters Thích Nhất Hạnh empfohlen, über »Jesus und Buddha«. Ich fand dort auch Bücher des Jesuiten und Zen-Lehrers Hugo Lassalle. Ein Jahr später wechselte ich in ein Soto-Zen-Dojo und schließlich zur *via-integralis*-Schule; dort stieß ich auf ein Buch des Jesuitenpaters Ruben Habito. Mich zog der Titel an: »Zen leben – Christ bleiben«.

Der Buddhismus, der die Gottesfrage offenhält, ist wohl die einzige Religion, die dazu auffordert, sich seiner eigenen Prägung bewusst zu machen und sich nicht verwässerten Ersatzreligionen hinzugeben. Vielleicht präsentierte Buddha eine Art Metareligion, eine Praxis, die sich für alle anderen Glaubensformen in heilsamer Weise eignet. Thích Nhất Hạnh schreibt:

»Der Buddha respektiert das Bedürfnis der Menschen, ihren eigenen Glauben zu praktizieren. (...) Wenn du Freude an der Sitzmeditation hast, so übe dich in Sitz-

meditation. Magst du Gehmeditation, übe dich in Gehmeditation. Aber bleibe bei deinen jüdischen, christlichen oder muslimischen Wurzeln. (...) Bist du von deinen Wurzeln abgeschnitten, kannst du nicht glücklich sein.«

Eine Religion, die das Selbst radikal leugnet, um permanent ums eigene Selbst zu kreisen

Das kam mir entgegen. Am Christentum stieß mich das trennend Enge ab, die evangelikalen Neigungen – und es fehlte mir eine konkrete Handlungspraxis. Meister des Gebets kannte ich persönlich nicht. Und in der buddhistischen Szene, die mir zumindest einmal pro Woche begegnete, stellte ich verwundert fest, dass es sich für einige um eine schnelle Ersatzreligion handelte, um einen halbierenden Import einiger für sie angenehmer Glaubenspraktiken. Wenn die Meditationslehrer auf Parallelen zu anderen Weltreligionen hinwiesen, wollten das einige nicht hören. Beim Wort »christlich« nur mürrische Blicke, wenn es um den Dalai-Lama ging, naiv-verklärte Begeisterung. Sie nutzen eine Religion, die das Selbst radikal leugnet, um permanent ums eigene Selbst zu kreisen. Ich wechselte schließlich zum strenger ausgerichteten Zen und fand die enge Verbindung zum christlichen Denken. Es gab dort keinen Raum für Gerede; das Schweigen, die schwarze Kleidung, die Härte des Sitzens selbst – alles andere als Wellness – sortierten aus. Ich war Christ, ich betete vor und nach dem Zazen das *Vaterunser* oder rezitierte Verse des Theologen Angelus Silesius. Die in Japan wirkenden Jesuiten erkannten schnell, dass die Praxis des Buddhismus den Glauben stärkt, das Mitgefühl fördert und den Werken der Barmherzigkeit dienlich sein kann. Die christliche Gebetspraxis beschränkt sich in ihrer oberflächlichen Form auf das Nachsprechen von Worten, schlimmstenfalls aufs Auswendiglernen und mechanische Wiederholen. Weder mein Kommunions- noch Firmungsunterricht noch elf Jahre Religionsunterricht in der Schule machten mich bekannt mit Herzgebet, innerem Gebet, mit Kontemplationsschulen, mystischen Texten oder Formen christlicher Meditation. Dass es das überhaupt gibt, lernte ich erst durch buddhistische Lehrer kennen, die mir von Hugo Lassalle erzählten und schließlich von Benediktinern und Jesuiten. Der bedeutendste Kenner des Buddhismus in Deutschland, Michael von Brück, lehrt als Religionswissenschaftler und ist von seiner Ausbildung her evangelischer Theologe und Pfarrer. Was in der Religionspädagogik verschwiegen wurde – die Spiritualität scheint zu gefährlich –, ist in der Religionspraxis eng verbunden. Dass so viele den Umweg über buddhistische Schulen gehen, verwundert also nicht. Die ostasiatischen Lehren empfehlen den Weg, den die Mystikerin und Ordensgründerin Teresa von Ávila vorschlägt: den nach innen. Hier sind sich die mystischen Schulen einig. Eine Religion zu studieren bedeutet, sich selbst zu studieren. Das stille Sitzen auf einem Kissen in einer wohldurchdachten, stabilen Sitzhaltung mit geradem Rücken ist dazu hervorragend geeignet. Wer still sitzt und seinen Atem zählt, kann vor Gedanken, die aufkommen, nicht mehr weglaufen. Er verankert seine Wahrnehmung in einer zentralen, lebenserhaltenden körperlichen Dimension: im regelmäßigen Atmen. So wird der Geist auf den Körper gerichtet und kann sich wieder mit ihm verbinden. Die Atembewegung ist über die Nerven an den Herzrhythmus gekoppelt, es kommt daher zur Klärung des Geistes und zur Beruhigung des Körpers – wenn man regelmäßig übt. Was mir daran auch als Christ gefällt, ist, dass es ums *Tun* geht, ums Praktizieren. »*Kein einziger Atemzug ist umsonst*«, sagt Winfried Semmler-Koddenbrock, mein christlicher Zen-Lehrer der *via-integralis*-Schule. Es gibt keinen besseren Weg, die eigenen Gefühls- und Denkmuster zu erkunden. Wenn Gott in uns liegt, wenn wir ihm dort begegnen, dann ist es entscheidend, seine Innenwelt zu betreten. Teresa von Ávila nannte diesen Weg das »innere Gebet«. Sie wählte eine Metapher aus der islamischen Mystik, die der inneren Burg.

»Es bot sich mir an, unsere Seele als eine gänzlich aus einem einzigen Diamanten oder sehr klaren Kristall bestehende Burg zu betrachten, in der es viele Gemächer gibt, so wie es im Himmel viele Wohnungen gibt.«

Diese feinsinnige Religionspsychologie inspirierte viele große Dichter; sie beschreibt, wie wir den Weg nach innen gehen können und endlich aufhören sollten, nur um uns selbst zu kreisen. Sich der Innenwelt zu stellen und dort in der innersten Kammer Gott zu begegnen kommt dem nahe, was Buddhisten »Erwachen« nennen. Aber das ist etwas, das nicht einmal erreicht und abgeschlossen ist – es geschieht vielleicht sporadisch, es sind helle Momente, in denen wir eins werden. Der Psychologe Jack Kornfield hat diese tiefen spirituellen Erfahrungen untersucht und bringt es in einem ironisch-wahrhaftigen Buchtitel auf den Punkt: *Nach der Erleuchtung Wäsche waschen und Kartoffeln schälen*. Nach der Begegnung mit Gott, so sieht es auch Teresa, mag mehr Ruhe einkehren, ein gewisses Gehaltensein, aber das erlöst keineswegs von Unruhezuständen oder Leiden des Alltags. Was sich einem spirituell geschulten Menschen durch permanente Übung darbietet, ist nicht der Einzug ins Paradies, es ist die veränderte Rahmung des gleichen Lebens wie zuvor. In der innersten Wohnung der Burg haust Gott, und er macht uns das Angebot, sich ihm zu nähern. Gehen und an uns arbeiten müssen wir selbst. Teresa ist keine Frau, die auf irgendetwas wartet. Weder auf Inspiration noch auf Gott oder Erleuchtung; sie

Was sich einem spirituell geschulten Menschen durch permanente Übung darbietet, ist nicht der Einzug ins Paradies, es ist die veränderte Rahmung des gleichen Lebens wie zuvor

stürmt mutig los und schaut, wie weit sie kommt. Und all diese Verinnerlichung ist weder für sie noch für Zen-Buddhisten oder Sufis etwas, das mit dem Rückzug aus der Welt zu tun hätte. Am Ende wählt man den Weg der Meditation und des Gebets *für andere.* Es gibt eine ganze Reihe irriger Annahmen über die Kontemplation. Aber wir meditieren nicht mit dem Kopf, sondern mit dem Körper, nicht zur Entspannung, sondern zur Verstärkung geistiger Präsenz, wir ziehen uns nicht zurück, um uns von der Welt abzuwenden, sondern um Energie zu sammeln, die wir der Welt geben. »Werke will der Herr!«, heißt es in einer der wichtigsten Passagen bei Teresa:

»Wer ganz in seiner inneren Mitte angelangt ist, wird wieder hinausgeschickt, um die empfangene Gottesliebe in seinen Alltag einfließen zu lassen, nicht zuletzt auch durch praktische Nächstenliebe, die als Prüfstein für die Echtheit der Gotteserfahrung gilt.«

Die ersten Jahre Zazen waren eine große Herausforderung; und auch später wird es nicht zur leichten Praxis. Es erfordert Anstrengung, Disziplin und lässt wenig Raum zum Klagen. Man sitzt freiwillig. Zweimal 35 Minuten bewegungslos vor einer Wand zu sitzen, seinen Atem zu zählen und nicht weglaufen zu können, weder aus dem Raum an sich noch vor den eigenen aufsteigenden Gedanken – ich halte diese Praxis für eine Mutprobe. Es gibt Marathonläufer und Manager, die sich von Sherpas ihre Rucksäcke auf den Himalaja tragen lassen, es gibt Extremsportler – sie alle sind auf der Suche nach Sensation und ihren Grenzen; aber nur wenige können still sitzen, ohne Unruhe, ohne Fluchtoption. Die größte Herausforderung liegt ziemlich nah und kostet kein Geld: beschwerdefrei und stabil auf dem Boden sitzen zu können, fest mit der Erde verankert, seine Gedanken konzentriert auf einen Punkt zu richten und nicht ständig abzuschweifen; und wenn man abschweift, sich darüber nicht zu ärgern, sondern ohne zu klagen oder sich abzuwerten von vorn zu beginnen. Innere Stärke besteht aus dieser Fähigkeit. Es geht darum, etwas zu erlernen, was viele Tiere können und die meisten Menschen nicht: in konzentrierter Stille zu verweilen. Immer wieder natürlich und einfach zu atmen, bei offenen Augen, ohne App oder Musik, ohne Leistungsorientierung; der Inbegriff von Wachheit und Freiheit. Einfach still sein. Diese Klarheit erfüllt keinen Zweck, sie ist kein Trainingsprogramm zur weiteren Optimierung. Es geht nicht darum, noch erfolgreicher zu sein, sondern um eine Geistesklarheit, in der wir tiefen Kontakt mit der Realität bekommen, in der Täuschungen fallen und wir uns etwas besser erkennen. Gebet und Me-

Es geht nicht darum, noch erfolgreicher zu sein, sondern um eine Geistesklarheit, in der wir tiefen Kontakt mit der Realität bekommen

ditation sind die letzten Bastionen, die wir absichtslos praktizieren. *Zen ist für nix gut* heißt der provozierende Titel eines Buches des japanischen Zen-Meisters Kōdō Sawaki. Immer mehr unterliegt zweckrationalen Absichten, Erfolg und Glück werden mit Geld verwechselt; aber der Glaube optimiert nicht das Leben. Das Gebet ist kein Fundraising gegenüber einer höheren Macht, er führt in die Freiheit. Angelus Silesius schrieb:

Wer Gott um Gaben bitt, der ist gar übel dran:
Er betet das Geschöpf und nicht den Schöpfer an.

Wer sich auf den Weg nach innen begibt, eine Zeit lang in Stille und Einsamkeit ohne schwankendes Selbstbild verweilen kann, der hebt den Kontakt mit der Realität – und mit Gott – auf ein höheres Niveau. Der Zugang zur Wirklichkeit ist nicht naturgegeben, sondern das Ergebnis von innerem Beten. Schauen wir uns das Leben von Teresa von Ávila, Hildegard von Bingen oder Ignatius von Loyola an, so bekommen wir eine Ahnung davon, woher deren übermenschliche Energie kam. Sie hatten Zugang zu inneren Quellen. Teresa wies darauf hin, dass Gott mit den Menschen keine Massenware produziert hat, sondern dass es so viele Wege zu ihm gibt, wie es Menschen gibt. Daher muss auch die Gebets- und Meditationspraxis ohne Patentrezepte auskommen. Wer sucht, der findet. Aber dass

Gott sich finden lässt, ist auch Gnade; Teresa schrieb, dass sein Angebot vorhanden sei, wir müssten nur versuchen, es anzunehmen, und uns auf den eigenen Weg machen. Thomas Merton, ein »Zisterzienser der strengeren Observanz«, sah ebenfalls diesen individuellen Moment: *»Du kannst mir nicht sagen, wer ich bin, und ich kann dir nicht sagen, wer du bist. Wenn du deine eigene Identität nicht kennst, wer soll dich dann identifizieren?«*

Sich anleiten zu lassen hat dabei dennoch große Vorteile – aber weder Zen-Dojo noch Gottesdienst sind entscheidend. Wichtig ist die alltägliche Praxis zu Hause. »Sich hinsetzen, die Klappe halten, seinen Atem zählen, beten.« Sich gar nicht erst dem dualistischen Gedanken hingeben und sich fragen, ob man es heute tut oder nicht. Schneller sein als die Zweifel und es einfach tun. Den eigenen Handlungen die größte Natürlichkeit verleihen, ohne angestrengten Kunst- oder Glaubenswillen. Die großen Heiligen haben nicht auf etwas gewartet. Ihr Glaubensmodus was das *Handeln*. Der Dichter Johann Wolfgang von Goethe hat es 1777 in einem wenig bekannten Singspiel auf den Punkt gebracht:

Feiger Gedanken
Bängliches Schwanken,
Weibisches Zagen,
Ängstliches Klagen
Wendet kein Elend,
Macht dich nicht frei.

Allen Gewalten
Zum Trutz sich erhalten,
Nimmer sich beugen,
Kräftig sich zeigen,
Rufet die Arme
Der Götter herbei!

Er schrieb das Stück, es wundert nicht, für eine schöne Herzogin. Die Wege, sich dem Zagen zu stellen, führen nach innen. Aber das Resultat der Einkehr führt ins *Handeln.*

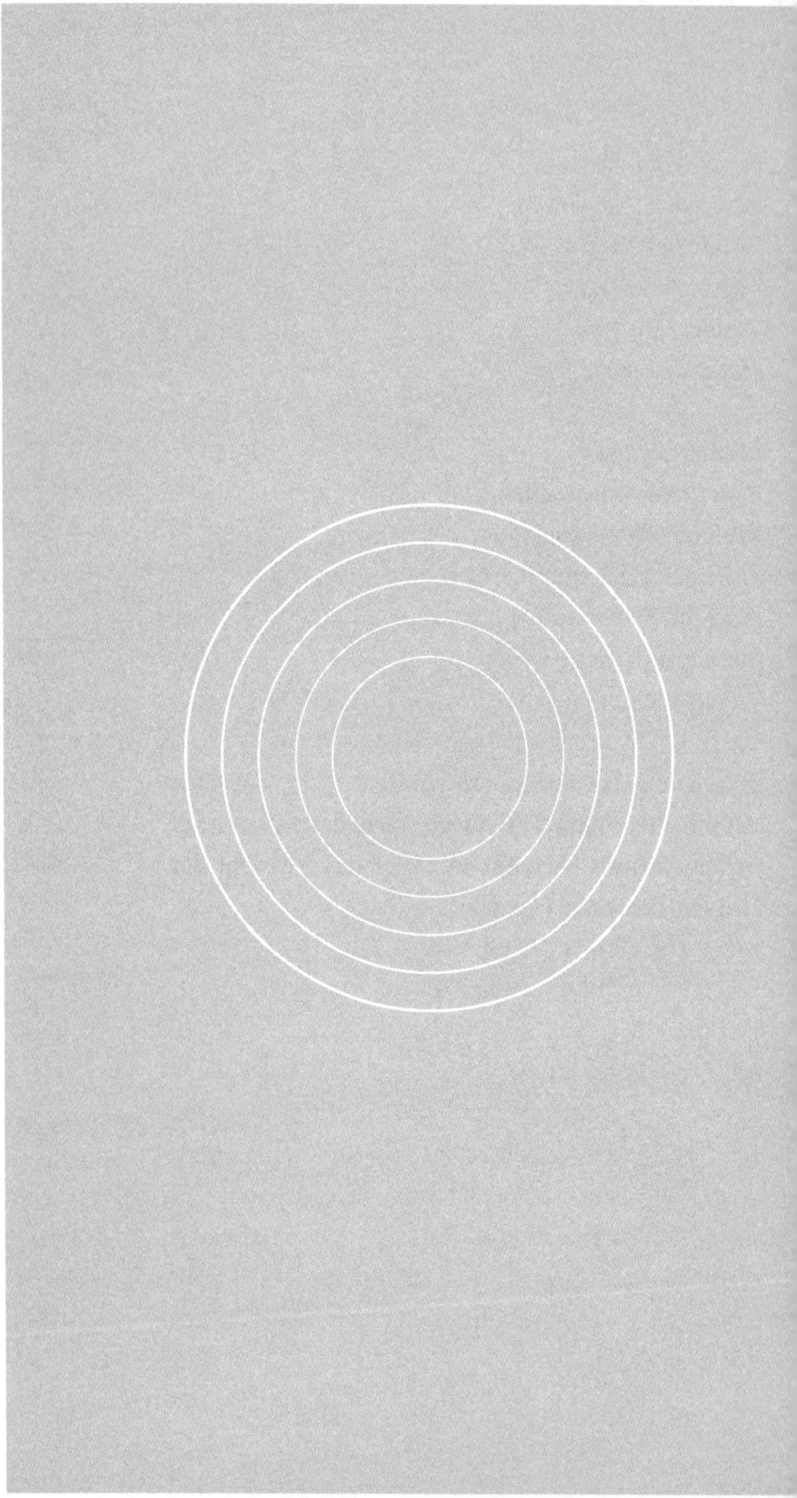

7

IM WEINBERG GOTTES

»Was soll ich tun?«, lautet eine der zentralen Fragen, die sich laut Immanuel Kant dem Menschen stellen. Nach meiner stärkeren Hinwendung zur Religion verwandelte sich die Frage, wurde nuancierter. Wie komme ich ins Tun? Und was ist eine existenzielle Handlung? Ich sehe viel blinden Aktionismus, der sich eher darin begründet, dem Innehalten auszuweichen. Menschen, die immer auf Achse sind, damit sie nie im Alleinsein oder der Stille stranden. Viele kommen nach einem lauten, langen Tag nach Hause, und sobald sie ihre Wohnung betreten, schalten sie ein digitales Medium ein, das die Stille vertreibt. Auch ich erwische mich bei diesem Trick. Ich beobachte meinen Drang, nicht *eine* Handlung ausführen zu können, sondern sie mit anderen zu kombinieren. Ich sehe Menschen, die joggen *und* Audiobooks hören, kochen *und* Serien schauen, gehen *und* essen, rauchen *und* telefonieren ... das ist so selbstverständlich, dass niemand darüber nachzudenken scheint. Aber: Wie kommt es zu den Gleichzeitigkeiten, und welche Funktion erfüllen sie? Es wird zur Seltenheit, eine einzelne Handlung bewusst, achtsam und konzentriert auszuführen und sie in ihrem Eigensinn auszukosten, mit voller Qualität des ihr Inneliegenden. Mit der Überblendung von Handlungen lösche ich einen entscheidenden Teil aus: Wer einen Film nebenbei schaut, während er daddelt, der kann nur oberflächlich wahrnehmen. Wer Bücher nur noch hört, aber sie nicht liest, der liest nicht. Die Vergleichzeitigung ist das wirksamste Instrument der Verflachung. Selbst das Gefühl, durch Multitasking etwas zu optimieren, trügt. Man kann tun, was man will: Der Handlung wird ihre Essenz genommen, wenn sie nebenbei ausgeführt wird. Man ruiniert zwei oder mehr Tätigkeiten zugleich. Wer nur nebenbei isst, dem reicht Fast Food. Thomas Merton sah die Tendenz schon in den 1950er-Jahren; sein Rückzug als Mönch ließ ihn die Welt draußen scharf wahrnehmen. Damit ist er mit den gesellschaftskritischen Philosophen seiner Zeit auf einer Linie. In seiner unmodernen Ausdrucksweise sah er die *»ständige Suggestion von Reklame und Propaganda (...) der gesamte Mechanismus modernen Lebens ist auf Flucht vor Gott eingestellt und auf Flucht vor dem Geist in die Wüste der Neurosen«*. Die Flucht vor Gott war in dieser Epoche allerdings noch viel öfter durch die Unerbittlichkeit der Amts-

Man kann tun, was man will: Der Handlung wird ihre Essenz genommen, wenn sie nebenbei ausgeführt wird

kirche begründet, weniger durch den Glauben selbst. Die philosophischen Strömungen der Zeit trügen sonst nicht so häufig den Charakter von Ersatzglaubenssystemen für Agnostiker.

Als ich studierte und an meiner ersten Diplomarbeit schrieb, lernte ich einen Autor und Lektor kennen, der mich oft ermutigte. Niemand, den ich kannte, wusste mehr über Literatur. Aber diese Kenntnis entstand nicht nur durch eine breite Belesenheit, sondern durch eine tiefe. Er erzählte mir in einer Bar, bei einem späten Whisky, irgendwann habe er sich entschieden: Er wollte sich nur noch mit vier Schriftstellern beschäftigen, mit denen aber eingehend: Balzac, Zola, Proust und Faulkner. Ab und zu liest er auch anderes, aber seine Grundbeschäftigung und sein Hauptinteresse gilt diesen vier, für die Moderne unermesslichen Künstlern. Nicht nur der Umfang ihrer Werke stellt einen vor viele Jahre Lektüre, sondern die Beschäftigung *in die Tiefe* hinein bedeutet: Biografie und Briefwechsel, Tagebücher und Sekundärliteratur, Malerei und Musik in ihren Werken, die Verbindung der Einzelwerke untereinander, die Bezüge vom einen zum anderen. Allen gemeinsam ist eine interne Verknüpfung der Romane zu einem Erzählkosmos. Der Autor sagte mir damals, man müsse sich die Richtigen suchen und diese dann wirklich kennenlernen; sie müssen mit den eigenen Vorlieben und

Interessen korrespondieren. Man brauche Begeisterung und zugleich Reibfläche, aber dann tue sich eine unendliche Welt auf. Aus dieser Tiefe heraus entsteht mehr als nur Einzelkenntnis oder Spezialistentum, sondern sie schärft den Blick auf alles, was man liest. Die Welt ist voller großer Geister, die man sich mit dieser Methode erschließen kann. Dass es vier Männer sind, ist eher ein Zufall. Jane Austen, George Eliot, Charlotte Brontë und Virginia Woolf wären das Pendant dazu und ebenso unergründlich. Was mein Mentor, ein echter und unkonventioneller Schriftgelehrter, für sein Metier der Literatur praktiziert, bietet sich auch für Heilige Schriften an. Die Reihe der Heiligen, der Theologen und spirituellen Autoren ist nicht in ihrer lückenlosen Umfänglichkeit wichtig, sondern will vereinzelt und in Tiefe erschlossen werden. Ein Menschenleben reicht dann nur aus, um vielleicht zwei oder drei von ihnen wirklich zu verstehen. Das schließt andere Lektüre nicht aus, aber mir erscheint das gläubige Lesen noch geeigneter für die Schwerpunktbildung, für Tiefbohrungen und langfristige Auseinandersetzung. Dies hat mit dem Handeln zu tun: Die Wiederholung, die Konzentration auf etwas, verleiht ihr Tiefe. Wer alles liest und alles kennt, erkennt im Zweifel gar nichts. In den sozialen Netzwerken lassen sich die »Bookstagrammer« beob-

Die Wiederholung, die Konzentration auf etwas, verleiht Tiefe

achten, die jeden Monat dreißig Bücher empfehlen und wahrscheinlich kein einziges davon verstanden haben. Woody Allen, ein akribischer Leser, sagte einmal: »*I took a speed-reading course and read* War and Peace *in twenty minutes. It involves Russia.*«

Draußen schweben viele mit Noise-Cancelling-Kopfhörern durch den Alltag, um mit der Welt und sich selbst nicht in Kontakt zu treten – sie wirken wie Geister, die durch ein fremdes Szenario wandeln.

Auffällig ist eine klagende Lethargie, Opferhaltungen werden kultiviert, warum werden sogar privilegierten Menschen der Montag und das morgendliche Aufstehen zur Last? Der Trendbegriff »Prokrastination« suggeriert, die Trägheit sei keine Untugend, sondern eine Krankheit, dessen Opfer man wird.

Die spirituell-verschwurbelte Coaching-Szene bedient sich einer ganzen Reihe falsch verstandener Lehren, so auch der Kunst des *Nichthandelns;* die hat allerdings mit der schlichten Unfähigkeit, etwas zu tun, nichts gemein. Das Unterlassen von zerstreuenden Aktionen ist eine spirituelle Leistung; Zurückhaltung, während alle blind losstürmen, ist ein Akt von Reife. Man könnte die Zurückhaltung auf den Konsum anwenden: nicht kaufen zu müssen, also Konsumdistanz zu wahren, bedarf eines hohen Grades der Handlungssteuerung. In einer finanzökonomisierten profanen Kultur könnte man diese Fähigkeit als *Freiheit* definieren. Auch die Sogwirkung der Medien zu verstehen, sich ihr nicht widerstandslos hinzugeben, wäre eine reflektierte Unterlassung.

Seit Jahren frage ich mich, warum Studierende nicht häufiger bemerken, dass es »studieren« heißt und nicht »studiert werden«. Bildungsprozesse sind immer Selbstbildung, keine konsumhafte Teilnahme an Edutainment-Veranstaltungen. Für viele ist entscheidend, ob ein Seminar »Spaß macht«, und nicht, ob viel gelernt werden kann. Die Passivität bei gleichzeitiger Unfähigkeit innezuhalten bedroht Bildung, Glaube und das Wissen stärker als jede atheistische Argumentation. Selbst wer kundig gegen Gott anredet und begründet zweifelt, hat ein Anliegen, nimmt die Kultur ernst und leidet an den Missständen, die fehlgeleitete Religionen auslösen können. Wer sich einem in Minutenhäppchen zerstückelten Alltag hingibt, hat kein Anliegen mehr; er ist auf der Flucht und hat vergessen, wovor. Wer sich Wissen nur noch in kleinsten Splittern aneignet, erkennt nichts.

Wer sich einem in Minutenhäppchen zerstückelten Alltag hingibt, hat kein Anliegen mehr; er ist auf der Flucht und hat vergessen, wovor

Der christliche Glaube findet irgendwo zwischen aktiven Handlungen und Eremitentum statt. Das ist die Spannung, in der ich als Christ stehe: Welche

Balance finde ich zwischen kontemplativem Rückzug und nächstenliebendem Handeln? Es geht nur komplementär: Die tätigen Christen, die mich beeindrucken, sind aktiv, aber nicht aktivistisch, sie schöpfen aus einem Glauben, der Energie aus der stillen und erkenntnisreichen Freundschaft mit Gott schöpft. Es gibt viele Handlungsformen, aber der Glaube nimmt auf alle Einfluss. Man kann gläubig oder ungläubig staunen, lesen, arbeiten und handeln. Ich versuche, meinen Handlungen eine vom Glauben durchdrungene Form zu geben. Eine gewisse Aufmerksamkeit auf die Form, das Formbewusstsein, rahmt den Glauben. Ein Teil des Glaubens ist in den traditionellen Formen versteckt – und formlose Zustände sind ebenso ungläubig wie krankhafte Formzwanghaftigkeit. Sich diesen Formen zu widmen, sie durch Handlungen in die Gegenwart zu bringen, ist eine andauernde Achtsamkeitsübung. Dass sie auch immer wieder misslingt, ist menschlich. Aber sie ist Arbeit am kulturellen Gedächtnis. Das bedeutet nicht, dass ich frömmelnd oder esoterisch-wabernd spreche oder meine Tage damit verbringe, mit einem »Jesus lebt«-Schild durch die Fußgängerzone zu flanieren. Ich bin auch nicht im permanenten Gebet. Das Christliche gibt mir eine gewisse liebende Struktur vor, es ist mit einem Rhythmus verbunden, der die Kultur tief prägt. Ich

Eine gewisse Aufmerksamkeit auf die Form, das Formbewusstsein, rahmt den Glauben

weiß mich mit unzähligen Menschen verbunden, die morgens und abends beten und die versuchen, ihren Tag im Sinne einer höheren, liebenden Macht zu gestalten.

Der Einfluss dieser Struktur beginnt schon bei der Gliederung, die wir der Zeit geben – die Monate sind nach Planeten und Göttern benannt, unsere Wochentage laufen auf den Sonntag zu, an dem wir ruhen sollen. In der Regel stellen nicht einmal Atheisten die christliche Zeitordnung infrage. Aufwachen, Essen, Einschlafen werden durch kurze Gebete gerahmt und so in eine bewusstere Sphäre gehoben. Mir ist der Glaube als Strukturgebung im Alltag wichtig, nicht nur an den hohen christlichen Festen. Nur wer sich einen Rahmen gibt, kann in ihm frei sein. Die Illusion von absoluter Freiheit erzeugt nichts als Angst oder Selbstüberschätzung. Der kommunikative Eremit Thomas Merton benannte seine »*Betrachtungen*« nach einem Gedicht von John Donne:

Keiner ist eine Insel,
in sich selbst vollständig.
Jeder ist ein Stück des Kontinents,
ein Teil des Ganzen.

Ich mache, in einer verborgenen Variante, den Alltag zum Kloster und mich zu einem inneren Mönch. Das klingt vielleicht pathetisch, ist aber eine Sicht, die jeden Tag Formbewusstsein ermöglicht und mich glücklich macht. Die Dinge sind vorhanden, sie werden uns geschenkt, die Schöpfung ist voller Reichtum – wenn wir fähig sind, das alles wahrzunehmen. Für mich ist entscheidend geworden, *wie* ich eine Handlung ausführe. Feinde meines gläubigen Alltags sind Zynismus, Pessimismus und Apathie. Ein moderner Mystiker der Musik, Nick Cave, sagt in einem Interview mit dem irischen Autor Seán O'Hagan: »*Nun, ich liebe diese Welt – mit all ihren Freuden, ihrer immensen inneren Güte, ihrer Höflichkeit und ihrem vollkommenen, völligen Mangel daran, ihre Brillanz und ihre Absurdität. Ich liebe das alles und die Menschen darin, allesamt. Ich empfinde nichts als tiefe Dankbarkeit, Teil dieses immensen kosmischen Chaos sein zu dürfen. Ich habe keinerlei Zeit für Negativität, Zynismus oder Schuldzuweisungen. Insofern, lieber Seán, fühle ich mich vollkommen und hoffnungslos aus der Zeit gefallen.*«

Mich beschäftigt die Haltung einer *heilsamen Nostalgie,* also der Hingabe an alte, analoge, einfache Dinge, am kultivierten Umgang mit anderen, am souveränen Entscheiden über meine Handlungen. Der Glaube ist eine Rückbindung, Rückbesinnung, er ist der Inbegriff von traditionellen Handlungsweisen – auch von sehr humanen. Das, was wir Humanismus nennen, ist vom Glauben nicht unbeeinflusst. Die Zeitlosigkeit, auf die sich ein wahres Christentum bezieht, erzeugt im Alltag das Gefühl, aus der Zeit zu fallen. Oder besser: aus dem Zeitgeist zu fallen. Ich ziehe alte Musik vor, alte Bücher und schreibe mit Füllhalter, ich trage nur noch wenig postmoderne Kleidung, ich setze noch immer – romantisch, poetisch und wild – auf die Liebe und das Schreiben von Briefen. Der handgeschriebene Brief ist das letzte »magische Medium«. Ein Großteil des Neuen Testaments besteht aus Briefen. Wer die Zeitlosigkeit bewahren will, braucht zwangsläufig den Wandel. Moral und Geschlechterrollen, Autorität und Herrschaft sind heute anders als vor 2000 Jahren. Die Religion der Hoffnung lässt keinen Raum für Zynismus, in Bezug auf schnelle Schuldzuweisungen beeindruckt mich das Gebot, der Mensch solle nicht richten. Die Negativität ist eines der Laster, die der menschlichen Seele auferlegt sind; aber es ist die Aufgabe, sie im Zaum zu halten. Von einer Kultur, die sich der Negativität hingibt, meist aus einer sehr privilegierten Haltung heraus, wende ich mich ab. In der Musik von Nick Cave, einem tiefgläubigen, positiven Künstler, gibt es Gemetzel und Schrecken, Verzweiflung und Poesie – es geht bei der Ablehnung

Die Religion der Hoffnung lässt keinen Raum für Zynismus, in Bezug auf schnelle Schuldzuweisungen beeindruckt mich das Gebot, der Mensch solle nicht richten

von Zynismus nicht um »toxic positivity«. Aber diese Eigenschaft der großen Kreativen, im Kern positiv gestimmte Menschen zu sein, hat nicht einfach damit zu tun, dass ihre Seele ein Sonnenscheinchen ist oder ihr Leben ein Strandspaziergang, sondern er speist sich aus einem Glauben, der die Kraft aus heilsamen Quellen schöpft. Sich der Arbeit hingeben, sich nicht in ihr aufgeben. Um die Melancholie wissen, aber sie durch innere Auseinandersetzung vergolden. Die Anzahl der großartigen Kunstwerke zur Traurigkeit ist in Kunst und Musik unüberschaubar – und macht sie aushaltbar. Bis heute wissen wir nicht jedes Detail in Dürers *Melencolia I* von 1514 zu deuten.

Die Arbeit ist der zeitlich größte Posten all unserer Handlungen, die wichtigste Integration in diese Gesellschaft und entfaltet die größte Wirkung auf die Welt. Wer arbeitet, tritt einer Wertegemeinschaft bei. Zu arbeiten erzwingt und dirigiert das Handeln, ganz egal ob sie als Lohnarbeit bezahlt wird, als kreative Leistung das Leben erfüllt, als Sklavenarbeit ausbeutet oder als Hausarbeit sich endlos wiederholt. In einem tätigen Leben sind wir ständig mit Arbeiten beschäftigt. Wer sich seinen Leidenschaften hingibt, verwandelt sie irgendwann in die ein oder andere Form von Arbeit. Weltweit betrachtet ist die Arbeit für viele Menschen eine ausbeuterische, das Leben und Lebendige zerstörende Angelegenheit. Sobald Arbeit »entartete« Formen annimmt, geschieht ein stilles Verbrechen. Deshalb kennt der Buddhismus das Gebot des *rechten Broterwerbs*. Wer sich auf den Weg zum Erwachen begibt, muss darauf achten, durch seine Erwerbsarbeit diese Welt nicht zu zerstören. Die unguten Folgen von Handlungen fallen negativ auf den Handelnden zurück. Auch das Christentum kennt eine ausgefeilte benediktinische Arbeitslehre, die in einem Dreieck von Beten, Arbeiten und Lesen ausbalanciert sein soll. Es ist, historisch betrachtet, ein Luxus, fast eine Gnade, seinen Arbeitsplatz und seinen Beruf selbst wählen zu dürfen. Über Jahrhunderte und bis heute geben Herkunft, Kultur und das Geschlecht vor, wo wir arbeitend enden. Selbst dort, wo juristisch betrachtet Wahlfreiheit herrscht, reproduziert sich die Elite erstaunlich selektiv. Wer in einer der Wohlstandsgesellschaften lebt, hat aber zumindest eine Wahl. Diese ist nie völlig frei, aber die Energie des Einzelnen erzeugt die Möglichkeit, seinen Weg zu gehen. Und wir haben die Freiheit, Außenseiter zu fördern. Nicht Gesetze oder die Religion verhindern, dass Frauen oder Migranten ihren Beruf frei wählen. Albert Camus oder Édouard Louis wurden nicht mit dem goldenen Löffel im Mund geboren, bekamen aber in entscheidenden Lebensmomenten die Impulse, die sie zu erfolgreichen

Wer sich auf den Weg zum Erwachen begibt, muss darauf achten, durch seine Erwerbsarbeit diese Welt nicht zu zerstören

Autoren werden ließen. Albert Camus' Mutter war Analphabetin, er selbst bekam den Literaturnobelpreis. Nicht jeder ist seines Glückes Schmied, aber die Möglichkeit, zu erkennen, welchen Anteil wir an unserem Erfolg haben können, kann Kraft verleihen. Während viele Menschen über ihre Privilegien nachdenken sollten, benötigen andere Hinweise auf ihre verborgenen Chancen. Schon Männer und Frauen unterscheiden sich in diesem Punkt leider noch immer; das überzogene Selbstbild von Männern steht manchmal den reflektierten, aber hemmenden Selbstzweifeln von Frauen gegenüber. Die Arbeit als wichtigste Handlungsform unterliegt aus Glaubenssicht nur sekundär der Frage, wie viel Geld man damit verdient. Die Arbeit muss sich fragen lassen, ob sie der Liebe dient, ob die Ergebnisse meiner Anstrengung diese Welt zerstören und ob ich meinen Kollegen und Kolleginnen eine Qual bin oder sie fördere. Während man früher nahm, was einem auferlegt wurde, können wir heute mitentscheiden, wie wir unser Leben sichern, welche Ansprüche wir haben – zumindest in dem Einkommensbereich, der oberhalb der Grundsicherung liegt. In Ländern wie Deutschland gibt es zu viel Armut, vor allem Kinder- und Altersarmut. Aber im Vergleich zu den meisten Weltteilen sieht es nahezu paradiesisch aus. Die Armut in einem reichen

Nicht jeder ist seines Glückes Schmied, aber die Möglichkeit, zu erkennen, welchen Anteil wir an unserem Erfolg haben können, kann Kraft verleihen

Land ist anders als in einem armen Land. In armen Ländern betrifft sie Mangelernährung und fehlende medizinische Versorgung. Es ist jungen Menschen unmöglich, sich zu bilden. In reichen Ländern hat Armut auch starke psychische Folgen: Umgeben vom sichtbaren Reichtum seine Wohnung nicht heizen zu können und in der letzten Monatswoche kaum Geld für Essen zu haben erzeugt fundamentales, meist unsichtbares Leiden.

Als Studierender stritt ich mich häufig mit einer Freundin, die außergewöhnlich stark in der Umweltbewegung engagiert war. Sie ging nicht arbeiten, gegen jeden Job brachte sie Argumente vor. Sie lebte, lang nach einem nicht abgeschlossenen Studium, als erwachsene Frau vollfinanziert von ihrem Vater, der in einem Ölkonzern arbeitete und dem sie ihre Einstellung nicht gänzlich offenlegte. Ich konnte mit diesem Widerspruch schwer umgehen, und mir geht es bis heute so: Wer die Möglichkeit hat, auf eigenen Beinen stehen zu können, wer sich sein Leben selbst erarbeiten kann, muss das tun. Nur so erreicht er eine gewisse Unabhängigkeit. Ich gönne jedem eine großzügige finanzielle Förderung, ich halte ein wohldurchdachtes Grundeinkommen für eine gute Idee, aber am Ende beeindrucken mich Menschen, die ihre Ansprüche dem selbst erwirtschafteten Geld anpassen und somit die Kraft habe, die Welt selbst zu prägen. Es ist keine

Kunst, das Geld anderer auszugeben. Aber es ist eine Kunst, sein Geld auf ethisch verträgliche Art zu verdienen und es aufmerksam wieder auszugeben. Der Kapitalismus hat – Gott sei Dank! – noch keinen verlässlichen Weg gefunden, die Handlungen der Menschen total zu steuern. Viele Menschen kaufen – noch immer –, was sie wollen. Und sobald sie sich bilden und nachdenken, erkennen sie, wo sie manipuliert werden. Naivität ist unangebracht, allerdings in beide Richtungen: Wir sind weder völlig frei und unabhängig – und wir sind nicht nur fremdgesteuert. Die, die das behaupten, nehmen sich selbst meist von der eigenen Hypothese aus. Und die, die glauben, sie seien gänzlich unabhängig, übersehen ihre Abhängigkeiten. Der Broterwerb, das Geldausgeben wie auch das Unterlassen sind mächtige Waffen, um diese Welt zu formen. Konsumieren ist, wie das Arbeiten, eine Handlung – und es kann ein Werk der Barmherzigkeit sein. Man kann allerdings ebenso des Teufels williger Vollstrecker sein. Ich frage mich oft, auch im Alltag, ob ich diejenigen finanzieren will, denen ich mein Geld gebe. Geldausgeben und Geldverdienen haben auf Gegenwart und Zukunft der Welt starken Einfluss. Für mich sind sie zentrale Glaubensfragen. Und als christliche Angelegenheit sind sie nicht ganz so einfach. Mich fasziniert die biblische Geschichte der Arbeiter im Weinberg. Sie werden täglich angestellt und bekommen einen Lohn, von dem sie leben können.

Wer vom frühen Morgen an arbeitet, bekommt allerdings ebenso viel wie die, die nur eine Stunde am späten Nachmittag gearbeitet haben. Das widerspricht den Betriebswirtschaftsgelehrten, aber nicht den Gläubigen. Wir müssen arbeiten, wir bekommen unseren Lohn, aber eben nicht in der Logik einer Profitmaximierung, sondern für unsere Mitarbeit im Weinberg Gottes. Für eine qualitative Arbeit und nicht nur anhand der gezählten Stunden – und wir bekommen sie, weil wir dazu berufen, quasi angestellt wurden. Es ist eine paradoxe Geschichte, und ich spüre an ihr immer wieder, wie tief die Sozialisation unserer Leistungsgesellschaft in die Seele gesickert ist. Alle, die im Weinberg arbeiten, bekommen einen Lohn, der ihnen garantiert wurde. Alle bekommen einen, auf dessen Grundlage sie leben können. Es werden nicht die aussortiert, die später eingestellt wurden. Es ist für mich eine biblische Geschichte, die mich zur Arbeit motiviert und die Vergleiche aushebelt. Die eine heilsame Logik zurückbringt und die Maximierungs- und Neidgefühle widerlegt. Für manches muss ich überproportional viel, für anderes weniger tun. Andere bekommen geschenkt, wofür ich arbeiten muss; ich bekomme manches, wofür andere arbeiten müssen. Und dass ich tun kann, was ich tue, liegt nicht *allein* an meiner Anstrengung. Vielmehr

Wer vom frühen Morgen an arbeitet, bekommt ebenso viel wie die, die nur eine Stunde am späten Nachmittag gearbeitet haben

bin ich dankbar dafür, dass ich die Chance hatte, mich dort hinzuarbeiten, wo ich heute bin. Das war als Realschüler über den zweiten Bildungsweg, mit allen Selbstzweifeln und Selbstabwertungen, die einem dann auf einem akademischen Weg begegnen, nicht ganz so leicht. Aber es gab Hilfe und Zuspruch, Niederlagen und Förderung, Ehrgeiz, und als Christ glaube ich, dass es für mich auch Gottes Hilfe und Gnade gab. Das macht mich nicht zu einem passiven oder determinierten Wesen. Es macht mich zu nichts weiter als zu einem Arbeiter im Weinberg Gottes; und wann ich eingestellt oder »berufen« wurde, darauf habe nicht ich Einfluss. Aber ich bin dankbar – auch für die langen Umwege.

Ich bin dankbar – auch für die langen Umwege

Um zu wissen, wie ich meinen Nächsten lieben kann, brauche ich Bücher. Wenn Gott sich in allem zeigt, dann leitet sich daraus ab, sich mit vielem zu beschäftigen. Sich Wissen anzueignen ist also weniger eine Frage von Karrierechancen, sondern Beschäftigung und Ernstnehmen der Schönheit der Schöpfung. Die Arbeit im Weinberg besteht nicht nur darin, Trauben zu pflücken; um guten Wein herzustellen, ist mehr nötig. Sich zu bilden, romantisch ausgedrückt, ist eine alltagsnahe Heilige Messe. Ich trinke sehr gern Wein!

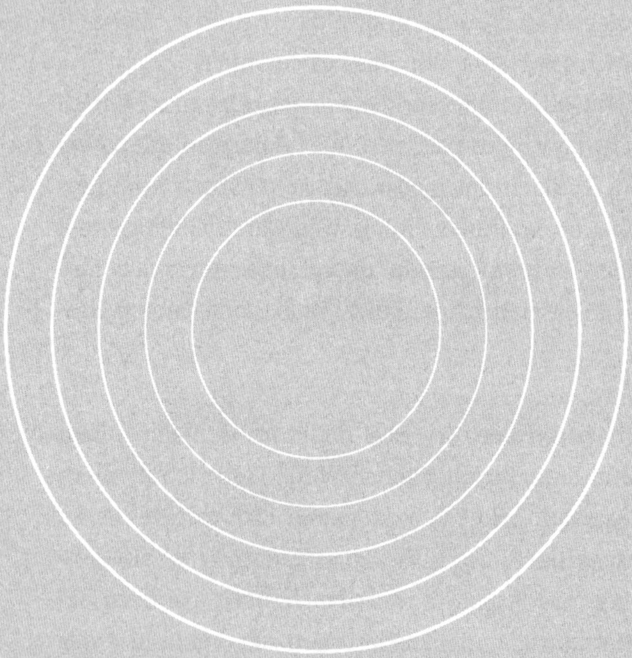

8

DAS LEBEN DER BÜCHER

In meinem Regal stehen viele Bücher über Tee, aber nur wenige über Wein. Wäre Matthäus Japaner gewesen, er hätte die Geschichte vom Weinberg anders erzählt: Arbeiten auf der *Teeplantage* Gottes. Als Buddhist hätte er dabei Gott nicht erwähnt, sondern die Frage offengelassen, wer uns in den Teegarten schickt. Jedenfalls gehören Weinberge und Teeplantagen zur Schöpfung, und beide müssen Überreste aus dem Garten Eden sein. Egal, wie lange wir darin arbeiten, wir tun etwas, und es wird sich lohnen. Diese Schöpfung ist ein Text. Sie findet sich zwar ganz real »da draußen«, aber ihre Deutung geschieht in verschriftlichten Geschichten, die wir über Jahrtausende wieder erzählen. Der Begriff »Text« stammt aus dem Lateinischen und bedeutet *weben* oder *flechten*. Texte sind also Gewebe aus regelmäßig und filigran zusammengefügten Fäden. In einem Film über Swetlana Geier, die Dostojewskis »fünf große Elefanten« ins Deutsche übersetzt hat, findet sich dazu ein tiefsinniges Bild. Man sieht die alten Damen beim Bügeln einer kunstvoll von ihrer Mutter bestickten Spitzendecke. Die alte Übersetzerin spricht dabei über Literatur, über die Texte und Gewebe, an denen auch sie täglich arbeitet. Ihre Kunst besteht darin, in russischen Stoffen modellierte Kunstwerke in deutschem Sprachstoff nachzuweben. Am Ende muss dieser Stoff aussehen wie das russische Original. Wer beide Sprachen beherrscht, beide Materialien kennt, der spürt, dass es nicht eine hundertprozentige Übersetzung geben kann, sondern nur Imitate von hoher Qualität. Übersetzungen auf diesem Niveau sind Nachdichtungen, eigene Kunstwerke. Swetlana Geier findet ein Deutsch, dass Dostojewski geschrieben haben könnte; sie muss eine Seelenverwandte des Autors werden, sich im Schneidersitz neben ihn setzen, zumindest eine enorme Einfühlung in den Mann vorweisen. Stoffe haben nicht nur visuelle Oberflächen, sondern sie fallen auf eine bestimme Art, sie sind haptische Erlebnisse, und sie klimatisieren ihre Träger unterschiedlich. Insgesamt sind wir, wenn wir lesen, an dieser Tätigkeit des Webens beteiligt.

Wir haben es beim Lesen von Büchern mit auf einem Faden aufgereihten kleinen schwarzen Häkchen zu tun, die auf geheimnisvolle Weise einen Sinn ergeben. Sie tun dies aber erst, wenn unser Bewusstsein einen Bedeutungsfaden von oben durch diese waagerechten Fäden schießt – nur gelesen entfaltet der Text seine Bedeutung. Der Medienphilosoph Vilém Flusser schrieb einmal, Buchstaben seien kleine Vampire, die die Bedeutung aus den Lesenden saugen können. Der Zauber von Texten besteht in seiner Unvollständigkeit, in die Leerstellen projizieren wir die eigenen, auch unbewussten Erfahrungen. Wir sehen nicht nur Bilder, wir kreieren sie mit.

Das unterscheidet Texte von Fotografien oder Filmen. Wir haben ein paar Andeutungen, einen Satz eines Protagonisten, eine vage äußere und innere Ansicht – und in die unbestimmten Stellen, die Lücken, projizieren wir die eigene Erfahrung. Die betrifft, so sah es Wolfgang Iser in *Der Akt des Lesens*, auch tiefe, unbewusste psychische Gehalte. Was uns an einem Roman oder Gedicht fasziniert, das hat zu einem gewissen Teil mit dem Lesenden selbst zu tun. Wir verwickeln uns in Romanwelten, die wir in Koproduktion mit den Autoren selbst erschaffen. Wir müssen über gute Bücher sprechen, weil wir uns in ihnen selbst kennenlernen.

Die in Büchern fixierten Texte wandeln sich mit der Zeit und mit den Lesenden. Wir können nicht zweimal denselben Text lesen – er ist zwar gleich, aber die Lesenden haben sich verändert. Texte sind eine Sonde in die Vergangenheit, sie lassen Zeitreisen zu. Das bemerkt jeder, der in seine alten Tagebücher oder Briefe schaut. Wir können mit Textreisen bis zum Ursprung der Schriftreligionen zurück und erfahren, was die Zeugen und Propheten schrieben. Dabei ist wichtig, dass uns das Historische immer bewusst ist, ohne uns davon blenden zu lassen. Die Schrift gilt nicht eins zu eins, nie wortwörtlich, aber zugleich gibt es in ihr eine Zeitlosigkeit, die entziffert werden will. Der Geist, nicht der Buchstabe zählt. Auf einem intellektuellen, manchmal sogar verkopften Niveau geht die Theologie mit den Texten um, die als *Heilige Schriften* bezeichnet werden. Je mehr wir über einen Text wissen, desto differenzierter wird unser Blick, zumindest, wenn wir seinen Geist immer noch spüren. Die religiösen Grundschriften sind mehr als von Einzelnen verfasste Texte, sie gelten als außerordentlich, werden rituell gedeutet und verehrt; sie waren auch lang umkämpft. Heinrich Böll schrieb einmal, die Bibel sei für die Kirche selbst immer ein gefährliches Buch gewesen. Daher wollte die Obrigkeit lang nicht, dass Gläubige sie selbst in ihrer Volkssprache lesen. Im intensiven Lesen biblischer Erzählungen finden wir auch unsere Anteile, wir nehmen teil an etwas, das uns die Autoren und Autorinnen mitteilen. In Bezug auf das *heilige* Element in ihnen konkurrieren in mir sich widersprechende Sichtweisen.

Der Geist, nicht der Buchstabe zählt

Teresa von Ávila zum Beispiel wollte keine Heilige sein; ihr Bezug auf den Alltag, ihre praktische, zugreifende Art, mied alles Nebulöse oder Anhimmelnde, es sei denn, es ging um Gott selbst. Ordensleute sind bis heute oft eher praktische Menschen, die nichts Nebulöses oder Esoterisches an sich haben. Die habituelle Nähe zur Heiligkeit, wie sie dem Einsiedler in Dostojewskis Romanen zugeschrieben wird, trifft manchmal auf die Atmosphäre der alten Klöster zu, aber selten auf ihre realen Bewohner. Das Eremitentum ist heute selten geworden; und die große Fremdheit, die es in uns auslöst, führt latent zur Vernebelung und Mystifizierung. Wir drücken den Respekt dadurch aus, dass wir die Einsiedler zu Erleuchteten, zu Heiligen stilisieren. Teresa von Ávila war viel unterwegs und in ihrer Leitungsfunktion ständig sozialen Zwängen unterworfen; sie musste sich ihre Rückzugszeiten erkämpfen. Neben ihrem Gott akzeptierte sie keine Heiligkeit, und sie selbst wollte keine Heilige sein. Ein kultisches Verhältnis zu Menschen war ihr fern, sie hielt sich selbst für respektlos und ein »freches Weib«. Diese weltliche Direktheit einer als ziemlich charismatisch beschriebenen Äbtissin brachte sie gegenüber der Inquisition zwar in Gefahr, aber sie entfaltete große Überzeugungskraft.

Auch im Zen-Buddhismus wird nichts, nicht einmal der historische Buddha selbst, als heilig angesehen. *Offen und weit, aber nicht heilig* – so lautet eine der frühesten Formeln. Es gibt eine schillernde Lehrgeschichte, in der ein Meister dazu auffordert, Buddha zu töten, sollte man ihm tatsächlich einmal begegnen. In berühmten Gemälden nutzen

Mönche wertvolle Buddhafiguren als Brennholz für ein Lagerfeuer. Das wirkt auf den ersten Blick »blasphemisch«, aber gemeint ist keinerlei Ablehnung oder Skepsis gegenüber dem historischen Prinz Siddhartha selbst. Getötet werden soll das Bild von Buddha in uns, als Heiligen, verbrannt werden Holzfiguren, nicht der Buddha selbst. Ein Objekt, das Buddha darstellt und das wir durch Verehrung sakralisieren, mit Buddha selbst verwechseln, behindert den Weg der Erkenntnis.

Im Mittelpunkt stehen die Lehre und die Praxis, nicht längst verstorbene Menschen. Es sind Lehrgeschichten gegen die Vergöttlichung, gegen die Illusionen, die durch frenetische Verehrung und Personenkult entstehen. Überträgt man diese Geschichte auf Jesus – »töte Jesus, wenn du ihn triffst« –, entfaltet sie eine ähnliche Logik. Manche Evangelikale, sich als messianisch gebende (Hass-)Prediger, Sektenführer oder psychisch kranke Popstars sind – und das nicht nur mit Blick auf den Glauben – eine unterschätzte Gefahr; aber Ersatzgötter sind Götzen, und sie verstellen den Blick auf Jesus.

Im Mittelpunkt stehen die Lehre und die Praxis, nicht längst verstorbene Menschen

JESUS UND SEINE PASSION

Die Passionsgeschichte steht im Gegensatz zur klassischen Heldenreise, unzeitgemäß, für viele auch unergründlich. Die Passion Jesu bewegt seit mehr als 2000 Jahren die Menschen und ist auch in den Künsten präsent. Sie prägt Bildwelten. Die irrationalen Anteile machen diese Geschichte so bedeutsam, dass sie selbst in der Bibel gleich mehrfach erzählt werden muss.

Jesus ging mutig einen leidenschaftlichen Weg, selbst gewählt und doch gesandt. Unverständlich und tragisch. Jesus war einer der maßgebenden Menschen: Er ging zu den Außenseitern, und er war ein unbequemer Zeitgenosse mit radikalen Forderungen. An der Stelle, an der viele nur einen Geldbeutel haben, hatte Jesus vor allem eines: ein Herz. Sogar am Kreuz suggeriert er mit den weit geöffneten Armen eine alles aufnehmende Umarmung.

Würde er heute in unserer Welt leibhaftig auftauchen, würden die Autoritäten ihn wahrscheinlich in den Kerker stecken. Er wäre in seiner Kompromisslosigkeit zu gefährlich, zu unerbittlich in seiner leidenschaftlichen Liebe. Jesus stellt seine Fragen so, dass Ausflüchte ins Nichts führen. Sein Leben und sein Leiden retten und stellen uns gleichzeitig immer wieder infrage. Nicht ohne Grund aber sagte der Engel nach seiner Geburt: *»Fürchtet euch nicht.«*

Die Tradition alteuropäischer Adelshäuser, die, so heißt es offiziell, »von Gott« eingesetzten Könige und Königinnen, sehe ich auch kritisch. Bis heute sind die Könige von England das Oberhaupt ihrer Staatskirche. Warum? In der Heiligsprechung steckt auch das tiefe Bedürfnis nach Orientierung; und die Heiligsprechung von lebenden Menschen enthält immer eine latente Sehnsucht nach einem Führer. Daher verbietet die Kirche die Heiligsprechung zu Lebzeiten. Es sollen keine Ersatzgötter präsentiert werden, denen der hörige Fromme blind folgt. Und es ist das Geheimnis autoritärer Herrschaft, sich zum Gott zu stilisieren. Unter der Naziherrschaft wurden die Menschen angehalten, das Jesuskreuz abzuhängen und ein Porträt Adolf Hitlers an seine Stelle zu setzen. Schaut man den Massen zu, wie sie in blinder Begeisterung folgen, egal ob Stalin, Hitler oder ähnlichen Figuren, dann sieht man, dass hier kein rationales Verhältnis zu einem Menschen auf Augenhöhe herrscht. Das »Reich« und der »Führer« waren ihnen »heilig«; Gott kam ihnen hingegen abhanden.

Egal, ob Theologie oder Philosophie, historische oder kunsthistorische Sicht – wir bewegen uns im Feld der Deutung von Texten. Ob Dostojewskis Gott suchende Romane, Nietzsches Flug des ängstlichen Adlers, die Heiligen Schriften – es sind Texte. Es sind »gewebekundliche« Arbeiten von Menschen, die allein viele Stunden mit Büchern verbringen und sie nutzen, um in der Zeit und zu sich selbst zu reisen. In die Heiligen Schriften zu schauen bedeutet, sich den Umgang längst verstorbener Menschen mit Gott anzuschauen und aus dieser Erfahrung zu lernen. In pervertierten Religionsdeutungen nutzt man heilige Texte, um Gewalt und Verbrechen zu rechtfertigen. In heilsamen Deutungen liegt die Chance, sich lebenslang zu entwickeln, freier und glücklicher zu werden. Ohne Skepsis und Zweifel existiert kein heilsamer Glaube. Wer aufgehoben und voller Vertrauen in Gott ist, auch den ereilen Ängste und Schwäche. Der Glaube verwandelt uns vielleicht, aber dennoch bleiben wir Menschen.

Ohne Skepsis und Zweifel existiert kein heilsamer Glaube

Meine Ablehnung der Heiligkeit bekam Brüche, und sie wurden ausgerechnet von einem evangelischen Professor eingeleitet. Von Axel von Dobbeler wollte ich etwas über die Möglichkeit erfahren zu konvertieren. Immer wieder gibt es Zeiten, da verliere ich das Vertrauen ins Katholische. Er hörte sich meine Empörung über den Kölner Erzbischof an; eine Empörung, die am Rhein eine jahrhundertealte und begründete Tradition hat. Und dann legte mir ein evangelischer Theologe dar, warum meine Gründe nicht ausreichend seien. Er stellte mir die Frage, ob ich meinen Gemeindepfarrer kennen würde. Es sei nämlich einer seiner katholischen Lieblingskollegen, und ich solle einfach in seinen Gottesdienst gehen, bevor ich meine Entscheidung träfe. Er würde mich schätzen und liebend gern in seiner Kirche empfangen, aber über so eine wichtige Frage müsse ich eingehender nachdenken.

Ich kannte Pfarrer Adolf, der meine katholische Gemeinde leitete, nicht; also ging ich zum ersten Mal in seinen Gottesdienst in die Bonner Franziskuskirche. Schon die Architektur überraschte mich. Es gab keine Kirchenbänke, alles war modern gehalten, aber nicht kühl. Der Raum erschien mir gegenwärtig und tief. Es war nicht leicht, in konservativen Kreisen eine solche Kirchengestaltung durchzusetzen, aber die Katholiken haben eine lange Erfahrung im Unterlaufen von Regeln. Der rheinländische Humor nützt ihnen dabei. Ich saß also auf einem der Stühle, die im Halbkreis um den Altar aufgestellt waren, und nicht eingezwängt in eine Kirchenbank. In dieser Zeit legte ich am Wochenende in einer Szenebar Musik auf. Ich war am Morgen nach Hause gekommen, nicht ganz nüchtern, und der Gottesdienst am Sonntagmorgen fand nicht gerade zu meiner Zeit statt. Und dennoch erreichten mich die Worte des Pfarrers. Der Pfarrer nahm in seiner Predigt die Frage der Heiligkeit auf. Er sprach kurz über die in der katholischen Tradition verehrten Heiligen,

Katholiken haben eine lange Erfahrung im Unterlaufen von Regeln

beispielsweise über Franziskus, den Namensgeber der Kirche. Aber ihn interessiere die Biografie gar nicht so sehr, sondern eher, was von ihnen ausgehen kann. Er schilderte Alltagsszenen, Menschen, die er in der Gemeinde besuchte, und Erlebnisse, die er in Krankenhäusern, mit Kindern oder in der Jugendarbeit hatte. Er legte dar, dass Heiligkeit im Alltag immer wieder kurz aufscheinen könne, ein Mikromoment des religiös Heilsamen, vielleicht nur in einer kleinen, kraftspendenden Geste. Die vorbeihuschende, aber unwiderlegbare Anwesenheit von etwas Göttlichem. Etwas, das sich in der weiter vorn geschilderten Handlung der Kassiererin im Restaurant zeigt, die einem trauerndem Mann kurz die Hand drückt. Dies definierte der Pfarrer als Heiligkeit. Personenkult sei zweitrangig. Für die kleinen, rettenden Momente sensibel zu werden, sie vielleicht sogar sporadisch selbst in die Welt zu bringen, dies macht die Heiligkeit wertvoll.

Manch einen ermutigt es, sich die Lebensgeschichten und Taten von herausragenden Persönlichkeiten anzuschauen. Dazu zähle ich zum Beispiel die jüdische Frauenrechtlerin Edith Stein oder den evangelischen Theologen Dietrich Bonhoeffer – aber auch die sind nur Menschen. Sie haben eine mögliche Heiligkeit durch ihr Leben bezeugt, waren zu mehr fähig als andere; aber entscheidend als Gläubiger ist weniger die Verehrung von Menschen, sondern die Sicht auf die eigenen Möglichkeiten.

Ich blieb Katholik, ohne dass mich das Thema verlassen würde; noch immer residieren Erzbischöfe, die mich, wenn ich von ihnen lese, eher vertreiben. Axel von Dobbeler sagte, der Erzbischof sei weit weg, aber der Gemeindepfarrer präsentiere »meine Kirche«. Die Gemeinde sei die Quelle, nicht die Institution. Er sagte mir ein katholisches Sprichwort: »Zwischen Köln und dem Vatikan liegen die Alpen, kaum ein Ruf dringt durch.« Der Institution sei ich über Inhalte und den Gemeindepfarrer verbunden, und ich solidarisiere mich mit ihm gegen die, die ich begründet ablehne. Ich lasse also die Ordensleute und Vorbilder nicht allein, deren Christentum ich bewundere. Orden lösen sich nicht aus Protest gegen den Papst auf, sondern sie wurden stets gegen eine verkommene Amtskirche gegründet. Fußballer wenden sich nicht ab, weil der Schiedsrichter schlechte Arbeit leistet oder die Verbände korrupt sind, sondern sie gehen am Wochenende raus und laufen selbst hinter dem Ball her. Meine Tochter ließen wir allerdings evangelisch taufen; die Diskriminierung von Frauen ist einer der gewichtigsten Kritikpunkte, die ich am gegenwärtigen Katholizismus habe. Ich wünsche mir eine Welt, in der meine Tochter im Vatikan Karriere machen könnte; Päpstinnen wären überfällig.

Zwischen Köln und dem Vatikan liegen die Alpen, kaum ein Ruf dringt durch

Die Heiligen Schriften bilden einen Kanon, manche Bücher haben es in die Bibel geschafft, andere nicht. Ich neige dazu, auch spätere Schriften als heilige Schriften zu lesen. Nicht in dem Sinne, dass sie ähnliche Autorität hätten wie die Bergpredigt oder die Gebote. Aber denen, die es im Glauben sehr weit gebracht haben, gestehe ich zu, meine Lehrer zu sein. In den Zeiten, die näher an Jesus unmittelbarem Wirken waren, hießen die mächtigen Erzähler und Zeugen anders als heute. Aber auch 1500 Jahre später erfuhren, erarbeiteten, präsentierten Teresa von Ávila oder Ignatius von Loyola etwas, das mir als heilig erscheint. Es ist ein Glück, dass eine sensible Lektüre ihre Erfahrung noch zugänglich macht. Je näher man an die Gegenwart rückt, desto schwerer ist zu erkennen, wer die zukünftigen heiligen Schriften verfasst. Die Zeit sortiert aus und adelt, kein objektiver Prozess, in dem sich immer die Wahrheit durchsetzen kann; aber mein Grundvertrauen gehört der Idee, dass sich Qualität durchsetzt. Die Werke von Karl Rahner, Romano Guardini oder das Wirken einer Frau wie Madeleine Delbrêl strahlen über ihre Lebenszeit hinaus. In mir steigert sich die Ernsthaftigkeit ein wenig, wenn ich solche Bücher in die Hand nehme, begründet durch den Respekt. Keine Heiligen, aber Lehrer, die Heilsames bringen und Lektionen erteilen. Wer lernen will, der

Denen, die es im Glauben sehr weit gebracht haben, gestehe ich zu, meine Lehrer zu sein

muss anerkennen, dass andere mehr können, klüger sind, ihr Denken weiter entwickelt haben, belesener sind als sie selbst. Von guten Lehrenden erwarte ich im Gegenzug, dass sie meinem Denken Raum lassen. Im ersten Semester hörte ich in einem Oberseminar die Doktoranden mit der Professorin diskutieren. Ich verstand kein Wort – aber mein Ziel war: In ein paar Semestern verstehe ich euch! »Dann setzen Sie sich hin und lesen«, sagte mein Doktorvater. »Das Gerede ist nicht so wichtig, aber Sie müssen lesen.« Und das war und ist es bis heute: ein *Erarbeiten*. Es bedarf einer gebetsähnlichen Atmosphäre: Ich möchte dazu ungestört sein, ich muss wach sein, ich brauche dazu Stille und Zeit.

LESEN

Lesen ist die zentrale Form westlicher Versenkung. Es ist Meditation im Blick auf die Weisheiten und die gesammelten Irrtümer anderer Menschen, die bereit waren, sich zu konzentrieren. Lesen ist eine stille, liebende Tätigkeit und die gezielte Suche nach Inspiration. Im heilsamen Dialog mit einem schönen Buch liegt unergründliches Potenzial. Der Lesende begibt sich auf Zeitreise und akzeptiert die Vielfalt des Vergangenen, er weiß, dass sich seine Anstrengung lohnen wird. Er nutzt das Lesen als Instrument, um dem Zeitgeist und engen Weltbildern zu entgehen. Wer liest, lebt niemals nur in den Tag hinein. Wer in den Orden der Lesenden eintritt, der weiß sich über die Zeiten und Kulturen verbunden mit den Menschen, deren innere Wanderschaft nicht endet. Lesende begreifen die Welt als unendliche Bibliothek, und sie sind eine Gefahr für alle, die sich nicht trauen, selbst zu denken. Ohne Lektüre keine Freiheit, ohne Lektüre kein Glaube. Wer liest, entwickelt sein Wissen weiter, wer tief liest, entwickelt sich als Mensch.

Ein Freund von mir war Assistent bei einem jesuitischen Professor, der seit Studienjahren bis ins hohe Alter täglich am Morgen von fünf bis neun Uhr – vier Stunden! – der ruhigen Lektüre widmete. In dieser Zeitspanne war er ungestört. Bevor der reguläre Arbeitstag begann, war er von Konzentration, Ruhe und Wissen geläutert.

Einige Jahre lang habe ich es geschafft, auch um fünf Uhr aufzustehen, aber ich habe es nicht bis heute durchgehalten. Mein Umweg über den zweiten Bildungsweg ließ das spätere Studieren wie ein Geschenk erscheinen, eine Art Gnade sozialdemokratischer Bildungsreformen, die auch Außenseitern eine Chance gaben. Ich verhielt mich im Studium also wie zu Lehrzeiten: Um sieben Uhr saß ich am Schreibtisch und widmete acht Stunden meinem neuen »Job«, dem Studium. Das machte mich zwar beliebt bei den Lehrenden, aber sonst zum Außenseiter. Lektüre war zu jedem Schritt der Schlüssel: Man sieht nur, was man weiß. Und dieser Aspekt wurde auch durch meinen stärker werdenden, sich entwickelnden Glauben relevant: Was lesen? Die Brücke bildeten Romane. Bei Hermann Hesse werden imaginäre Orden gefeiert, Suchende geschildert, sie geraten in die Nähe der etablierten Religionen, gehen aber schließlich doch ihren eigenen Weg. Durch Zufall stieß ich auf die ersten religionsphilosophischen Bücher und fing Feuer.

Es ist gut, sich die alten Lehren anzuschauen, auch sie lassen sich in postmodernem Jargon schildern. Eines der erfolgreichsten spirituellen Start-ups stammte aus Italien. Ein in einen Hoody gekleideter Mann aus Nursia, lange sinnsuchend als Einsiedler unterwegs, gründete in Monte Cassino den ersten Coworking-Space für Einsiedler, ein Kloster. Damit alle miteinander klarkamen, hing er etwa 529 die *Regula Benedicti* in die Arbeitsräume. Wer sich in agilem Stil auf den Weg zu Gott machte und dabei leistungsfähig und gesund bleiben wollte, musste drei Aspekte in Balance bringen: die Arbeit, das Gebet und sein Studium. Alles drei hält sich gegenseitig und schützt vor Übertreibung. Wer nur arbeitet, geht unter; wer nur meditiert, dreht spirituell ab, und wer nur studiert, dessen Kopf spielt verrückt. Die Formel »Arbeite, lies und studiere« selbst stammt nicht aus der Benedikt-Regel, sondern etablierte sich später. Bis heute kann sich dies jeder mit spiritueller Selbstbildungsneigung an den Schreibtisch hängen. Unter *arbeiten* ist in der ursprünglichen Regel die körperliche Arbeit gemeint, also Handwerk, Garten- oder Hausarbeit. Und es gibt tatsächlich immer etwas zu tun. Allein in der Wohnung Ordnung zu halten bedarf täglicher Anstrengung. Der Tag beginnt nicht nur mit einem Gebet, sondern auch mit dem Bettenmachen. Und er endet nicht mit Gebet,

Die Arbeit, das Gebet und sein Studium. Alles drei hält sich gegenseitig und schützt vor Übertreibung

sondern damit, die Küche aufzuräumen. Ordnung und Form haben nicht nur in Klöstern und Kirchenräumen eine große Bedeutung. Die äußere Ordnung gibt der inneren Freiheit einen Halt. Wer sein Leben als innerer Mönch verbringen will, der putzt seine Wohnung so oft wie die Zen-Mönche ihr Kloster. Der Sinn dahinter ist mehr als nur Hygiene. Das Leben ist nicht nur Problemlösen, sondern auch permanenter Kampf gegen den Staub. Nichts ordnet den Geist wie ein akkurater Schreibtisch, eine geordnete Umgebung. Ich stieß auf diesen Zusammenhang, der den Alltagspflichten einen motivierenden Sinn verleiht, in ostasiatischen Schriften über die Kunst. Wer ein Künstler sein wolle, der soll darauf achten, wie akkurat die Handtücher im Badezimmer gestapelt seien. Dies sei wichtiger als das meist unkundige Betrachten großer Kunstwerke im Museum. Das ist in seiner auf den ersten Blick irrationalen Sichtweise ein typischer Trick im Zen, mit den Erwartungen zu brechen und sich zum Selbstdenken zu zwingen. Die Energie von Kunstwerken, ihr formaler Aufbau sind sicher eine gute Schule, wenn man sie eingehend studiert. Aber zu den Rahmenbedingungen der eigenen Kreativität gehören sie nur indirekt. Wer allerdings zu Hause am Schreibtisch sitzt und sich im Schreiben oder Zeichnen übt, der hat eine klare räumliche Umge-

Das Leben ist nicht nur Problemlösen, sondern auch permanenter Kampf gegen den Staub

bung, die auf ihn wirkt. Wie sieht diese Umgebung aus? Der italienische Filmemacher Luchino Visconti verlangte, dass in einer Szene, die eine Gruppe Leute an einem langen Esstisch zeigt, alle Schränke im Raum akkurat gefüllt sein müssten – obwohl deren Türen geschlossen sind. Er war sich sicher, dass es trotzdem Einfluss auf die Schauspielenden und die Atmosphäre nehmen würde. Diese tiefere Sichtweise betrifft auch die Handtücher im Badezimmer. Obwohl ich sie vom Schreibtisch aus nicht sehe, hat ihre Ordnung doch Einfluss. Die Form strahlt über ihre pure Sichtbarkeit hinaus. Die Umgebung, in der ich arbeite, meditiere und studiere, prägt mein Handeln; aber zu Hause präge ich zuvor die Umgebung. Die Schönheit hat eine Form, und auch mein Glaube hat eine Form. Welche?

Die Form strahlt über ihre pure Sichtbarkeit hinaus

9

DIE KUNST ZU GLAUBEN

»Ich will zu Gott, aber auf meinem Wege und auf meinen Füßen.« Ich fand den Satz bei einem meiner spirituellen Vorbilder, dem italienisch-deutschen Religionsphilosophen Romano Guardini. Allein sein Name hat den Klang einer tiefen Litanei. Mein Ururgroßvater war Italiener, und ich liebe die italienische Kultur. Kaffee ist nicht einfach ein Heißgetränk, sondern hohe Kunst; das Essen ist zentraler Teil der Lebenskunst und das Design von Schreibgeräten, Autos und Kleidung keine Nebensache. Italienische Malerei, Dichtung und Musik sind seit der Renaissance für Europa prägend. All das macht den Glauben, den Alltag und die Menschen schön. Die Schriftsteller bilden eine tausendjährige Reihe von Lebens- und Sprachkünstlern, von Genussmenschen und humorvollen Philosophen: Giovanni Boccaccio, Dante Alighieri, Giacomo Casanova, Italo Svevo, Italo Calvino, Umberto Eco oder Alessandro Baricco sind unvergleichlich.

In meinem Büro steht ein Kunstdruck der »Madonna im Grünen« von Raffael; ich verliebte mich im Museum in Wien in das italienische Gemälde, schon als Studierender. Mein ganzer Freundeskreis schüttelte den Kopf, widmete sich, wenn überhaupt der Kunst, nur der »Street-Art«, und hielt meine Vorliebe für sakralen Kitsch. Aber meine Interessen entwickelten sich entlang meines Glaubens, für den ich ebenfalls keine Gesprächspartner hatte. Während einige in meinem Freundeskreis in den 1990ern Techno hörten und sich neumodischen Drogen hingaben, hörte ich im Radio ein Stück eines italienischen Komponisten, Giovanni Battista Pergolesi. In der Philharmonie in Köln senkte ich den Altersdurchschnitt und hörte mir *Stabat Mater* an. In Wien stieß ich dann auf Raffaels Gemälde. Ich verstand, was der Philosoph Walter Benjamin mit der »Aura« eines Originalkunstwerks meinte, in seiner ergreifenden Einmaligkeit und Nicht-Austauschbarkeit. Ich wusste nichts über die Meister der Renaissance, aber das Bild war wie ein Brief an mich. Briefe sind Teil meines Glaubens. Die unmittelbare Botschaft eines Einzelnen an jemand anderen. Das Neue Testament besteht aus einer Reihe von Briefen. Bücher sind Briefe an Freunde. Ich schreibe beinahe täglich handschriftliche Briefe, ich lese gern Briefwechsel.

Bücher sind Briefe an Freunde

Auch Romano Guardini liebte Briefe. In seiner Zeit waren sie allerdings noch ein gängiges Medium.

Die Titel seiner Bücher sprachen mich sofort an: *Vom Sinn der Schwermut. Theologische Briefe an einen Freund* oder *In Spiegel und Gleichnis*. In seinen *Briefen über Selbstbildung* fand ich einen Text, der mich in seiner Unzeitgemäßheit berührte und eine alte Vorliebe von mir traf: *Vom ritterlichen Manne*. Verfasst in der späten Weimarer Republik reihen sich alte Begriffe, die heute tabu sind. Es geht ums Kämpfen und ums Dienen, um Ehre und Treue. Der Text enthält ein Arsenal von historisch gängigen Begriffen, die aber einige Jahre nach Erscheinen des Textes von den Faschisten pervertiert und verdreht wurden. Als Guardini über sie nachdachte, lag der Zivilisationsbruch noch in der Zukunft – und nach seiner Vorstellung sah diese Zukunft anders aus. Hätten die Deutschen, die sich zu willigen Vollstreckern des Unrechts machten, den Aufsatz gelesen und verstanden, hätte vieles verhindert werden können. Ich vergrabe mich gern in andere Zeiten, ohne mich über sie zu erheben. Etwas von innen heraus verstehen erklärt die Ereignisse. Verurteilen ohne Verstehen ist nur Hochmut. Aus christlicher Sicht rückt ein verständnisloses Aburteilen sogar in die Nähe der Sünde. Was Guardini über Ritterlichkeit schrieb, war in der Vorkriegszeit nicht ungewöhnlich. Er erinnert an Tugenden. Heute gelesen werden seine unzeitgemäßen Betrachtungen zu etwas Widerständigem, das mir

Verurteilen ohne Verstehen ist nur Hochmut

gefällt. Niemand verwendet diesen Jargon, aber die Inhalte enthalten wertvolle Postulate: »*Der ritterliche Mensch schlägt sich unwillkürlich auf die Seite des Bedrohten, des Schwächeren, des Unterliegenden. (...) Wer andere nicht gelten lässt, ist ein Schwächling. (...) Denn wäre er seiner selbst gewiss, so würde er ruhig neben ihnen stehen und käme gar nicht auf den Gedanken, sie müssten sein wie er. (...) Die wahre Mannhaftigkeit liegt nicht in der Faust, sondern im Charakter. Und wer durch Gewalt die Gerechtigkeit beugt, ist nicht nur ein Frevler, sondern im tiefsten auch ein Schwächling, und wenn er noch so stark tut.*«

Das von Adolf Hitler neu gestiftete »Ritterkreuz« symbolisierte vieles, aber weder Ritterlichkeit noch Kreuztheologisches. Die Verhunzung der von Goethe, Nietzsche und Thomas Mann geformten eleganten deutschen Sprache durch die Anhänger des Faschismus betraf nicht nur die rhetorische Verwandlung von Schönheit in ein würdeloses Brüllen, sondern auch die inhaltliche Pervertierung. Nur weil sich einige Jahre die Feiglinge und Schergen für Ritter hielten, charakterlos und im starren Panzer »soldatischer Männlichkeit«, darf man sich das Konzept nicht stehlen lassen.

Meine kindlichen Vorstellungen hingen an einem fiktiven Kreuzritter, der aus einem idealisierenden alten Roman stammte und zu meinem Lieblingsfilm wurde: *Ivanhoe, der schwarze Ritter.*

Und einer meiner heutigen Lieblingsfilme – *Ghost Dog* – zeigt einen schwarzen Samurai, also einen japanischen Ritter. Ich war als Kind nie Cowboy, warum »Indianer« töten? Ich wäre immer gern ein Ritter gewesen, der die Schwachen schützt. Das Logo meiner Lieblingsbleistifte zeigt kämpfende Ritter. Ihre Lanzen sehen aus wie Bleistifte. Der Stift war immer eine Waffe gegen Unrecht und legte Zeugnis ab über den Umgang mit Gott. Ich bin aufgewachsen in einem Dorf, über dem ein großer Wald und ein altes Schloss thronen. Vielleicht haben meine kindlichen Besuche dort Spuren hinterlassen.

Der Stift war immer eine Waffe gegen Unrecht und legte Zeugnis ab über den Umgang mit Gott

Auch mein wichtigster religiöser Orientierungspunkt war ein echter Ritter. 1521, etwa 15 Jahre nachdem Raffael seine Madonna gemalt hatte, wurde er schwer verwundet. Eine Kanonenkugel hatte ihm das Bein zertrümmert. Er verlangte nach Ritterromanen, die er am liebsten las, aber es gab keine. Man brachte ihm aber Bücher mit Heiligenlegenden und etwas über das Leben Jesu. Der verkrüppelte Ritter verlor sich in der Kunst zu lesen; die richtige Lektüre verändert das Leben! Ignatius von Loyola transformierte seine ritterlichen Fähigkeiten. Der Weg führte weg vom Schwert hin zum mutigen Charakter. Ein Jahr später, 1522, legte er im Kloster Montserrat seine Lebensbeichte ab und verließ es als mittelloser Pilger, der auf alle Privilegien seines Standes verzichtete. Sein neuer Glaube führte ihn in die Freiheit. All seine Stärke widmete er der Gründung des Jesuitenordens.

Nicht tot zu bekommen sind eben auch diejenigen, die einen Traum haben

Besonders aber war ich von Heiligenlegenden und biblischen Geschichten immer bezaubert. Im furchtbaren 20. Jahrhundert, der Epoche des Zivilisationsbruches, griffen viele Künstler, seelisch bedrängt, auf sie zurück. Thomas Mann widmete sich der Geschichte von Joseph und seinen Brüdern, Joseph Roth schrieb über Hiob, Franz Werfel sang als Dank für die Gnade des eigenen Überlebens das »Lied von Bernadette«. Diese Zeit ist voller Mitläufer und Gleichgültiger; es gibt Psychopathen und Abgründe, skrupellose und gefühlskalten Menschen – der Misanthrop muss nur das Geschichtsbuch aufschlagen. Und dennoch lässt der Teufel eine Lücke: Nicht tot zu bekommen sind eben auch diejenigen, die einen Traum haben; die Kriege durch gewaltlosen Widerstand beenden; die mit verzweifelten Menschen in Abschiebegefängnissen oder im Hospiz sitzen und Seelsorge betreiben. Es gab immer die, die sogar den Tieren predigen, die auch in aussichtsloser Lage ihr trotziges »Dennoch« lebten.

Das Interesse am Pessimismus habe ich früh verloren; immer werden mich die faszinieren, die weitermachen. Die Geschichte der Religionen ist bevölkert von diesen Ausnahmeerscheinungen. Und an sie zu glauben färbt ab. Ich vertiefe mich in sie, und die Tiefe schaut zurück. Mein Glaube bezieht sich auf die Momente, in denen Gott Mensch geworden ist – und wird. Ich glaube, dass er immer wieder einmal auftaucht. In Jesus in *einem* Menschen und danach auf episodischen Spritztouren. Die Heiligkeit ist als Potenzial vorhanden, in Abwandlung einer der schillerndsten Kunstphilosophien überhaupt finde ich: »Jeder Mensch ist ein Heiliger.«

Mein Glaube bezieht sich auf die Momente, in denen Gott Mensch geworden ist – und wird

Beuys hat mit seiner Aussage, jeder Mensch sei ein Künstler, nicht behauptet, jeder könne malen oder im Rahmen traditioneller Kunstgeschichte ein Picasso werden. Er sah nur: In jedem Menschen steckt ein Potenzial zum schöpferischen Handeln. Als ich meinen Essay zur »Form der Schönheit« schrieb, war ich intensiv auf der Suche: Wo überall äußert sie sich? Es ist nichts Besonderes, sie bei Raffael zu finden. *Die Kunst besteht darin, sie im Alltag zu finden.* Und sie ist überall: Jeder hat einen kleinen Bereich, der ihm nicht gleichgültig ist, der eine kleine Sammlung von was auch immer enthält, der wohlgeordnet, verfeinert, verschönert wird. Und in diesem Ausschnitt verschönert er nicht nur seine Welt, sondern er arbeitet mit an der großen sozialen Plastik, durch die wir uns alle bewegen. Es ist mit der Heiligkeit ähnlich: Sie ist nichts Übergroßes. Teresa von Ávila betonte, sie wolle gar keine Heilige sein. Zum anderen ist die Heiligkeit Teil der Welt, wenn wir das Heilsame realisieren. Wenn wir nächstenliebend – also selbstlos – handeln. Wenn wir verzeihen, für unsere Haltung auch gegen Widerstände einstehen. Dass es Menschen gibt, deren Haltung sich aufs ganze Leben ausdehnt, lässt mich sie bewundern, und ihr Vorbildcharakter motiviert mich, diesen Job zumindest in Teilzeit anzunehmen. Die Leistung der Heiligen liegt auch im Weiterwirken des guten Geistes in anderen. Sie stoßen etwas Gutes an, das weit über sie hinausweist. Ich habe dazu Vorbilder. Beispielsweise Edith Stein, die keine akademische Karriere in den 1920ern machen konnte, nur weil sie eine Frau war. Sie bildete eine Brücke zwischen katholischem, evangelischem und jüdischem Denken. Schon im Ersten Weltkrieg schrieb sie über »Probleme der Einfühlung«. Die Nazis ermordeten die Ordensschwester, die heute als Märtyrerin und Heilige verehrt wird. Ich denke auch an die französische Aktivistin und Meisterdenkerin Simone Weil. Ihr kurzes Leben verläuft in einer rasanten Entwicklung: von einer kommunistischen, unangepassten Sozialaktivistin, Kämpferin im spanischen Bürgerkrieg, hin zur Philosophin und schließlich zur unergründlichen christlichen Mystikerin. Mich beeindruckt der

Weg vom rein politischen Denken, über die Liebe zur Weisheit, bis hin zur Spiritualität – um schließlich die Verbindung der Sphären zu erfassen, die sich nur noch in mystischen Zusammenhängen offenbaren. Die Form, in der sie ihre Notizbücher führte, ist fragmentarisch, wild, unsystematisch; aber das Lesen hält unerwartete Einsichten, Rätsel und tiefe Erkenntnisse bereit. Mit Blick auf ihr Wirken gilt, was Augustinus über Gott sagte: »*Wenn du es verstehst, ist es nicht Gott.*« Simone Weil hat dafür eine sprachliche Form gefunden. Die beiden Frauen sind für mich damit Heilige.

Diese Heiligkeit gehört zu den Möglichkeiten des Menschseins. Über sie zu schreiben, sie zu lesen, sie verstehen zu wollen ist unmittelbare Teilnahme an einem Phänomen, das nicht allein menschengemacht ist. Sie speist sich aus etwas, an das ich glaube. Alles Weitere ist unwichtig, weil mich der Glaube antreibt, mir Kraft verleiht. Ich kann mir, und das wäre Zeichen einer depressiven Denkstruktur (die ich leider auch kenne), durch Verwässerung, Gegenrede, Pessimismus, Zerdenken, destruktives Vergleichen einreden: Es gibt nichts, nichts hat eine Bedeutung, ich habe keinen Wert. Aber die Welt verändert sich nicht, wenn ich diese Perspektive übernehme. Und wenn ich Spuren hinterlassen möchte, dann lieber durch Weltverschönerung,

Heiligkeit gehört zu den Möglichkeiten des Menschseins

durch Ordnungschaffen, durch das Schreiben unerwarteter Briefe, dadurch, dass ich morgens aufstehe, an den Schreibtisch gehe und meinen Job mache.

Ich bin überzeugt davon, dass Gott uns nicht braucht. Aber wenn ich ihn brauche, kommt er auf mich zu. Es ist nicht ganz so einfach, es gibt keine Notrufnummer, und er steht fünf Minuten später vor der Tür. Aber es gibt die Sprache seiner Stille, die Energie seiner Quellen, es gibt die Briefe, die er schreibt. Viele habe ich ungeöffnet liegen gelassen, aber da der erste Brief mir in der Form eines goldschnittigen Gesangbuchs begegnete, das mir meine Großeltern zur Kommunion schenkten, konnte ich einen früh öffnen, sogar aufklappen. Der Textmarker wurde verziehen. Seither laufe ich durch eine Welt, in der mir immer wieder Signale gegeben werden, die mich weitermachen lassen. In der mir Menschen begegnen, in der ich Niederlagen und Liebe erfahre genauso wie Ärgernisse und Glücksmomente. Ich laufe durch eine Welt, in der ich Glück empfinde, wenn ich die universelle Schönheit im Detail genieße. Es ist alles da, auch für mich. Diese Welt kann man sich nicht ausdenken!

HEILIGE SCHRIFT

Die Bibel speichert ursprüngliche menschliche Erfahrungen im Umgang mit Gott, und sie steht für die Vielfalt des Glaubens. Sie ist große Literatur und gleichzeitig nicht immer »wortwörtlich« zu nehmen. Die Bibel zu lesen ist eine Rückkehr an die Quelle, in ihr entspringt ein Fluss. Die Heilige Schrift endet nicht mit der Apokalypse, sondern wird fortgeschrieben. Weiter oben am Ufer die Bücher einer ganzen Reihe von Kronzeugen des »ohne Warum«, den Heiligen und Meistern. Ignatius von Loyola, Teresa von Ávila bis Thomas Merton, Edith Stein und Simone Weil formulierten neuste Testamente. Die Heiligen Schriften bilden den stillen Punkt einer sich drehenden Achse, mit ihr beginnt sich das christliche Rad der Lehre zu drehen. Von dieser klaren Quelle aus lese ich in der unerschöpflichen Bibel – einem Buch, in der der Heilige Geist weht, wie er will.

Seit etwa Mitte 30 kamen zu meinen philosophischen Lektüren die der buddhistischen und christlichen Meister hinzu. Den Begriff der Meisterschaft, der mich zum Schüler macht, finde ich überaus hilfreich. Keiner zweifelt im Karatekurs an, was der Lehrer zeigt. Niemand lehnt die ehrenwerten, traditionellen Gebote des Karate ab. Wir folgen und lernen. In Bezug auf das Ostasiatische haben wir keinerlei Hemmnisse, obwohl viele Menschen über die kulturell-religiösen Hintergründe nichts wissen. In Bezug auf das westliche Denken, vor allem seit dem Zivilisationsbruch durch die Deutschen, bekommt man eine Gänsehaut, wenn ein Meister bedingungslosen Gehorsam einfordert. Das geht auch mir noch so. Aber ich will dem Trauma die Macht nehmen. Auch der Gehorsam kann wieder auf ein Normalmaß gestutzt werden; es gibt ihn in sinnvoller und pervertierter Spielart. Nach Jahren der Zen-Meditation, in der die Kraft von Form und Ordnung erfahrbar wird, sehe ich die eigene Kultur anders. Bei den Jesuiten, gegründet von einem Ritter mit militärischer Effizienz, spielt der Gehorsam eine wichtige Rolle. Der Orden ist vorbildlich aufgebaut und vernetzt. Er ist eine »eingeschworene Gemeinschaft« und immer vorn mit dabei, wenn es darum geht, bei sozialen Missständen zu helfen. Die Ordensmitglieder sind verliebt in die Kraft der

Schöpfung zu feiern und zu schützen ist nur möglich, wenn wir viel über sie wissen

Bildung und in die Chancen durch gute Pädagogik. Ignatius sah in allem Gott, daher in jedem Winkel der Schöpfung die Schönheit und den Wert – und diese Schöpfung zu feiern und zu schützen ist nur möglich, wenn wir viel über sie wissen. *So viel Welt wie möglich an sich binden, sie verstehen und erkennen wollen, zum Destruktiven auf Distanz gehen* – dies ist eine gängige Definition von Bildung. Kein Wunder, dass Jesuiten höhere Schulen und Universitäten gründeten.

Die größten Verbrecher des 20. Jahrhunderts, die selbst Gott spielten und alles in den Abgrund rissen, waren von der jesuitischen Organisation begeistert. Sie schlossen ihre Institutionen, ermordeten einige ihrer Mitglieder – und gründeten die »SS« nach dem Vorbild ihrer Struktur und lehnten zugleich christliche Werte ab. Die Nazis hatten ein großes Gespür für ersatzreligiöse Symbole. Sie fingen die Menschen über ihre ästhetischen Empfindungen, blendeten sie. Ich denke an die von Hugo Boss entworfene schwarze SS-Uniform, die Totenkopfsymbole und rituellen Tätowierungen; die Nazis wollten einen eigenen Eliteorden, während sie die christlichen Orden als Bedrohung wahrnahmen, ihre Mitglieder verfolgten, die Institutionen enteigneten und verboten. Die Perversion von Gehorsam tritt dann ein, wenn er nur noch menschlich gedacht wird, ohne Gott und ohne Werte.

Das 20. Jahrhundert ist die Zeit der Pathologien der Vernunft, die Zeit, in der Ideologie an die Stelle wertebezogener Religion trat. Der Gehorsam gegenüber Gott ist ein anderer als gegenüber einem »Führer«. Der Gehorsam gegenüber einem werteorientierten Meister, dessen Meisterschaft autorisiert ist, ist ein anderer als gegenüber einem Diktator in totalitären Regimen. Die ostasiatische Variante der Meisterschaft führt zur Loslösung vom Meister. Die Zen-Geschichten sind voller Beispiele, in denen der Meister verlassen oder gewechselt und somit überflüssig wird.

Ich erkenne Meisterschaft an, um zu lernen

Ich erkenne Meisterschaft an, um zu lernen. Als ich als Student das erste Buch von Jean-Paul Sartre aufschlug, war mir klar: Er ist der Philosoph und ich der Schüler. Erst verstehen, dann kritisieren. Das war ein langer Weg. Sein Buch *Das Sein und das Nichts* lässt sich nicht erkunden, wenn man es nur dekorativ auf einen Cafétisch legt. Ich brauchte Monate für die Lektüre. Aber meine Motivation bestand darin, dass ich nur von Menschen lernen kann, die mehr wissen, die weiter sind, die vielleicht älter sind oder mehr Erfahrung haben. Sie zu bestreiten ist völlig unnötig, da wir in der Regel selbst auswählen, wem wir uns widmen. Wir sind frei. Meine Heroen wechselten mit der Zeit, auch wenn einige verdächtig konstant bleiben. Meine anfängliche Begeisterung für die Jesuiten war einige Zeit von der Reiberei am Begriff des Gehorsams bestimmt. Das lag vor allem an meiner verkürzten Wahrnehmung.

»*Niemand hat das Recht zu gehorchen*« – dieses Zitat von Hannah Arendt hing lange Zeit über meinem Schreibtisch. Arendt gehört zu meinen Meisterinnen – und in ihrem Buch über den Verwaltungsmassenmörder Adolf Eichmann fand ich die Passage. Sie besteht allerdings überhaupt nicht aus einer Allgemeinaussage, sondern bezieht sich darauf, dass Eichmann sein Handeln – die Organisation der Deportationen – mit Immanuel Kant begründete. Hannah Arendt wendet sich gegen diese krude Art der Fehldeutung. Bei Kant ist das Gehorchen gebunden an die Maxime, dass jedes Handeln zugleich als allgemeine Gesetzgebung gelten können müsse. »*Es ist ja gerade sozusagen das extrem Umgekehrte des Gehorsams! Jeder ist Gesetzgeber. Kein Mensch hat das Recht zu gehorchen bei Kant.*«

Als Christ bin ich zwar demütig, aber nicht vor den Menschen. Ich denke über die Autorität von Vorbildern nach, aber nur im Kontext von Geboten und Nächstenliebe und nicht, weil jemand etwas befiehlt. Ich erkenne legitimierte Meisterschaft an, aber ihre Autorität ist angesichts Gottes etwas anderes als Hörigkeit gegenüber einem Vorgesetzten.

Der Karatelehrer hat seine Autorität als Meister nicht durch die Tatsache, dass er unterrichtet, sondern dadurch, dass ihm im Rahmen einer kontrollierten Tradition die Meisterschaft bestätigt wurde. Nur weil er bezeugtermaßen mehr kann, darf er anderen etwas beibringen. Eine Institution steht für ihn ein. Und vielleicht werden die großen traditionellen Institutionen, die wir leichtfüßig ablehnen, in Krisensituationen noch enorm wichtig. In ihnen präsentiert sich ein zu langsamer Fortschritt, aber zugleich der Halt durch Traditionen, ein Gewicht und eine Stabilität, die sich aus ihrem Alter begründet.

Ich denke über die Autorität von Vorbildern nach, aber nur im Kontext von Geboten und Nächstenliebe und nicht, weil jemand etwas befiehlt

In Bezug auf die Philosophie lerne ich daher von Hannah Arendt; sie gab schon als hochbegabte Schülerin den Studierenden Nachhilfe in Latein und Griechisch; sie widmete sich Augustinus, der Romantik bis hin zur politischen Philosophie. Die Bedeutung ihrer Werke ist nicht zu bestreiten – sie weiß mehr als ich, ich bin der Schüler. Das bedeutet nicht, in allem einig zu sein, mein eigenes Denken und Deuten einzustellen. Im Hinblick auf die Philosophie und das Philosophieren deutet sich generell alles Richtung Selbstdenken. Durch die Philosophie, wie auch durch die Kenntnis der Kunst, lässt sich ein gutes Fundament schaffen.

Karl Rahner und viele andere waren nicht »nur« Theologen, sondern philosophisch überaus kundig. Meine Vorstellung eines Theologen ist jemand, der philosophierend Gott sucht. Der Begriff »Religionsphilosophie«, wie er oft bei Guardini, Rahner oder de Certeau genannt wird, betont die Liebe zur Weisheit, die Vorliebe fürs Fragen, die produktive Unsicherheit. Denken können Menschen lernen. Wenn sie sich jahrelang angestrengt haben, müssen sie lernen, den eigenen Kopf nicht zu ernst zu nehmen. Die Gedanken sind wichtig, und dennoch geht es mir an den Tagen schlecht, an denen es mir nicht gelingt, zu sehen, dass manche meiner Gedanken außerhalb meines Kopfes keine Realität haben. Ich begebe mich immer wieder gern lernend in den Schatten großer Geister oder Heiliger, aber am Ende lässt sich die Kunst zu glauben im allgemeinen Sinne gar nicht imitieren. In einer Kapelle sitzen und beten, eine Runde spazieren gehen oder Tee trinken – hier realisiert sich der Glaube. Er wird damit nicht beliebig, sondern findet Raum in mir. Gott wirft uns nicht nur ungefragt in die Welt, sondern er stattet uns zudem ungefragt mit Individualität aus. Damit verbindet er wohl einen Hinweis: Suche *deinen* Weg. Oder, in der Sprache antiker Philosophen: Erkenne dich selbst. Der Weg führt nach innen, um zu erkennen, dass es mehr als ein »Ich« gibt. Ich schaue mir gern an, was Menschen seit

Suche deinen Weg

2000 Jahren im Hinblick auf ihren Umgang mit Gott niederschrieben und in Handlungen umsetzten. Aber die Landkarte ist nicht die Landschaft. Die Fähigkeit, eine Strecke als wohltuenden Weg, eine Gegend als heilsam und schön zu empfinden, hängt nicht an geografischen Gegebenheiten.

Einen Pilgerweg empfindet jeder anders, daher gehen wir ihn. Jeder Tag lässt uns in einer neuen Herberge erwachen, das Leben ist ein Reich zwischen Geburt und Tod; mit jedem Augenaufschlag die Wiedergeburt, die Pflichten und alltäglichen Verrichtungen. Mich trifft ein Zitat des Jesuiten Karl Rahner ins Herz: *»Ich habe kein Leben geführt; ich habe gearbeitet, geschrieben, doziert, meine Pflicht zu tun, mein Brot zu verdienen gesucht. Ich habe in dieser üblichen Banalität versucht, Gott zu dienen, fertig.«*

Der Gelehrte des Zweiten Vatikanischen Konzils, der Alltagsmystiker und Philosoph, gehört zu meinen Meistern – und gerade er sagt, er habe »kein Leben geführt«. Gibt es so etwas wie eine Banalität des Guten? Rahner sah sich weder als Genie noch als Heiliger, und gerade das macht seine philosophische Lebensform aus. Man steht auf, hat zu tun, erledigt, was einem wichtig erscheint, im Rahmen des Glaubens, dem man folgt. In einer Welt selbsternannter »Life-Coaches«, ungefragter Beratung und endlosen Fabulierens über die richtige Lebensführung gilt es, einen Gang zurückzuschalten. Es ist kompliziert genug, ich muss es nicht noch komplizierter machen. Man kann so wenig einfach Christ sein, wie man einfach zum Buddha wird. Einiges ist zu tun, aber es ist nicht so unübersichtlich, wie manche Philosophie suggeriert. Für mich ist noch viel zu lesen, neu zu verstehen, neu zu denken. Ich dokumentiere meine Suchen, stelle meine Kunst zu glauben zur Diskussion und höre mir an, wie andere klarkommen.

Erst vor wenigen Monaten stieß ich auf den weisen christlichen Narren Hans Conrad Zander, und nun lesen meine Frau und ich uns jeden Morgen beim Tee im Bett seine ironischen Einsichten vor. Einer seiner tiefen, humorvollen Texte thematisiert die Wiederholung – alles Gläubige, alles Kunstvolle, alles überhaupt Relevante verläuft in wiederkehrendem Rhythmus. Er spinnt seinen Faden von Romano Guardini, Otto von Habsburg, dem Minirock, Marilyn Monroe, Pornofilmen bis zu Goethes Faust und Goethes Gedichten. Eine angenehme Frechheit! Ich hoffe, er verfasst noch einen ganzen Kalender mit Losungen. Für mich ist es eine inspirierende Neuentdeckung, morgens Psalmen, Goethe-Gedichte oder Zander-Texte zu lesen. Und die Wiederholung: Auch anfangen müssen wir immer wieder wagen, nur so wird es zum Zauber.

Auch anfangen müssen wir immer wieder wagen

Immer wenn ich meine, ich sei in meiner Kunst zu glauben einen Schritt weiter, stolpere ich über Unverständliches. Nicht der Fortschritt, sondern die Zeitlosigkeit der Kunst ist wesentlich. Die Welt rückt mich wieder zurecht. Aber ein zentrales Element ist seit meiner Kindheit da: Ich finde immer wieder Neues. *»Greift nur hinein ins volle Menschenleben! Ein jeder lebt's, nicht vielen ist's bekannt. Und wo ihr's packt, da ist's interessant«,* schrieb Goethe. Und dahinter kann ich nicht zurück. Die Kunst anzufangen ist, nach der Vertreibung aus dem Paradies, eine grenzenlose erneuerbare Ressource. Über die Binsenweisheit, man bekomme nichts geschenkt im Leben, wundere ich mich. Ich glaube, es hat gar keinen Sinn, sich gegen die ganzen Geschenke zu wehren, die jeden Tag niederprasseln. Manche sind ziemlich anstrengend und erzeugen Missmut. Aber auch andere sind dabei, wie die Briefe, die Gott sendet – ich muss nicht alles aufheben, was mir vor die Füße fällt. Ich weiß nur: Ich bin nicht der Einzige, der Geschenke macht und Briefe absendet – die an mich sind weit in der Überzahl. Ich stehe jeden Morgen auf, um zu antworten. Mein Glaube besteht darin, dass in mir das sichere Wissen, die tiefe Emotion, lebendig ist: Gott schickt etwas, auch mir. Der Satz von Karl Rahner bringt mir die Einsicht, dass ich nur zum Teil »ein Leben führe«; ich bin kein Manager. Aber ich stehe auf, arbeite, liebe, schreibe und alles wieder auf null, im Angesicht Gottes.

Ganz am Anfang sind wir, siehst du.
Wie vor Allem.

DANKSAGUNG

Gott ist ein lauter Nichts,
ihn rührt kein Nun noch Hier:
Je mehr du nach ihm greifst,
je mehr entwird er dir.

Angelus Silesius

Meinen Eltern, meinen Religions- und Meditationslehrern habe ich zu verdanken, dass mein Glaube immer in die Freiheit führte. Sanktionen, moralisches Gerede, Dogmen und Trennendes waren und sind ihnen fremd. So konnte ich – sensibilisiert, geleitet, aber nie gezwungen – aus eigener Entscheidung Christ werden. Da die Bergpredigt stark überfordert, sollte ich besser schreiben: Ich *versuche,* Christ zu werden; es erscheint mir eher als ein Ziel. Die hinzukommenden zen-buddhistischen Techniken sind mir dabei hilfreich. Sie begründen in mir eine interreligiöse Begegnung, »via integralis«. Die große Tradition eines über lange Zeiten liberalen Islams vermittelt sich mir über die Texte von Navid Kermani, Karen Armstrong, Annemarie Schimmel und die islamischen Mystiker. Aus meiner tiefen

Überzeugung glaube ich, dass Juden, Moslems und Christen auf verschiedenen Wegen *einen* Gott verehren und suchen. Verschiedene Sprachspiele – nichts als Worte – sollten darüber nicht hinwegtäuschen. Auch im Zen misstraut man den Worten und zieht das Schweigen vor. Sobald es eine Kultur des Schweigens gibt, sind sich Menschen schnell einig. Die Idee, dass es sich um drei verschiedene Götter handelt und man die Anhänger der jeweils anderen Religionen bekämpfen müsse, wurde erst in der Moderne zur starren Ideologie. Die mittelalterlichen Christen begannen, glaubt man den historisch Kundigen, mit der intoleranten Abgrenzung. Die Mystiker und Ordensleute der drei abrahamitischen Religionen sahen es hingegen nicht so; sie leben großherzige Wertschätzung, und sie verstehen sich. Die Begeisterung der Sufis für Jesus ging ziemlich weit. Und sie beeinflussten Meister Eckhart oder Teresa von Ávila. In der Tiefe des Glaubens verschwinden das Trennende, der Nationalismus, toxische Männlichkeit und soldatischer Heros. Wer an Gott glaubt, konstruiert nicht andere Räume als »Reiche des Bösen«. Der Glaube der Zukunft wird eine Friedensbewegung sein – oder er wird nicht sein. Und hoffentlich wird diese Zukunft weiblicher sein. Eine Ordensfrau des Teravada-Buddhismus – Ayya Khema – und ein Jesuit – Pater Hugo Lassalle, brachten mich auf die Spuren religiöser Praxis. Vom jesuitischen Zen-Lehrer war es zum heiligen Ignatius nicht weit. Seither hat mich vieles, was mich aus dem Jesuitenorden berührte, beeindruckt und begeistert. Mein Weg fürs nächste Leben ist vorgezeichnet: Entweder gründe ich ein neues *Playboy*-Magazin, werde Jesuit oder, je nach Entwicklung des Glaubens, beides. Briefe aus Klöstern sind mir die größte Bereicherung und erfüllen mich mit Stolz. Teresa von Ávila bleibt ein Leitstern, in die wilde Frau verliebe ich mich immer wieder, und ich rede mit ihr wie mit einer Freundin. Warum sind keine Briefwechsel mit Verstorbenen möglich? Sie meinte, manchmal sei eine Runde spazieren gehen sinnvoller als beten, und Hausarbeit konnte sie nicht leiden, obwohl Gott auch zwischen den Pfannen und Töpfen haust. Jesuiten waren oft die Einzigen, die für die kritische Kämpferin Partei ergriffen, wenn die Inquisition drohte. Über zwanzig Jesuiten berieten und förderten sie über ihr aktives Leben hinweg. Und sie hinterließ im Gegenzug *auf* den Orden einen dauerhaften Eindruck.

Bleibt der persönliche Dank. Stefan Weigand hatte in einer beruflichen Sinnkrise großen Einfluss – er machte mich mit anderen Medien und anderen Menschen bekannt. Plötzlich schrieb ich nicht nur für den *Playboy*, sondern auch fürs *Jesuiten-Magazin*. Kann es eine bessere Kombi geben? Es war gut, die denkdünne Instagram-Literaturblase zu verlassen und sich wieder denen zuzuwenden, die Bücher lesen, statt sie nebenbei zu hören; die sie verstehen, statt sie nur zu fotografieren. Seit dieser Neuorientierung treffen mich so viele Anfragen wie niemals zuvor, und ich lerne so spannende Menschen kennen wie niemals zuvor. Für diesen Fingerzeig von Stefan (oder wer auch immer dahintersteckt) bin ich zutiefst dankbar. Ganz zu schweigen von Wein, exzellentem Espresso und seinen eigenen Büchern, die er mir sendet. Hannah Panidis wies mich an entscheidender Stelle auf Simone Weil hin, dafür habe ich zu danken! Die religiöse Erotikfotografin Lilith Annura gibt mir mit ihrem Denken und ihren Bildern immer wieder Anstöße.

Texte mögen Autorenhandwerk sein, aber Bücher sind das von Verlegern. Stefan Wiesner und seinem Team im bene! Verlag habe ich zu danken; es ist eine Bereicherung, mit euch arbeiten zu dürfen! Die Hinweise, der Enthusiasmus, Brief- und Buchsendungen meines Verlegers haben dieses Buch mitgeprägt.

Beeindruckt haben mich auch Wolfgang Metz, Burkhard Hose, Joanna Maria Otto und Nina Kummetz Brunetto mit ihren Anmerkungen, sowie Julia Clauß, Alisa Tzybina und Jenna Gesse mit ihren Briefen. Dorle und Micha Schmidt vom *Studio komplementær* habe ich zu danken. Allerhand inspirierende Ereignisse: Noch immer zehre ich von einem Gespräch mit Pater Jonas im Benediktinerkloster in

Meschede. Die Inspiration der Zusammenarbeit im Rahmen von zwei Büchern, die ich bei den Benediktinern von Münsterschwarzach im Vier-Türme-Verlag veröffentlichen durfte, wirken ebenfalls nach. Wenige Worte von Bruder Ansgar, und ich habe viel Stoff zum Nachdenken.

Die Predigten, Tipps und Gespräche mit den Patres Dag Heinrichowski, Philipp Görtz, Fabian Loudwin, Johannes Herz, Hans-Theodor Mehring SJ – und den anderen hanseatischen Jesuiten nehmen starken Einfluss auf mich und mein Bücherregal. Einen wichtigen Moment für dieses Buch habe ich daher ihnen zu verdanken: eine Diskussion des Manuskripts in der Hamburger Kommunität der Jesuiten. Zwischen der Heiligen Messe um halb sieben und ein Uhr in der Nacht war ich diesen weiten, tiefen Gesprächspartnern ausgesetzt. Das Schöpferische als Ausdruck einer Lebensform enthält enorme Kraft – selten ging ich so inspiriert nach Hause. Als Abschiedsgeschenk drückte mir Dag das Gefängnistagebuch von Pater Alfred Delp in die Hand: ein Buch, das imstande ist, das Leben zu verändern. Meine Kunst zu glauben formt sich somit weiter.

Daher möchte ich dieses Buch ausdrücklich meinen jesuitischen Gesprächs- und Lektürepartnern widmen. Der Anteil der Autoren in meinem Bücherregal, hinter denen sich das unscheinbare »SJ« findet, ist hoch. Der Einfluss der Jesuiten, die ich bisher kennenlernen durfte, ist groß. Der Einfluss der Übungen, die durch Ignatius in mein Leben kamen, ist tief.

Dieses Buch beschreibt meine persönliche Kunst angesichts dieser großen Tradition geistiger und seelischer Weite. Der Anfängergeist bleibt lebendig, wie Karl Rahner ihn ausdrückt:

»Wir sind Anfänger im Christentum. Christentum bedeutet Jesus Christus als den anzunehmen, der Anfang und Ende aller Wirklichkeit, auch unsers Lebens ist.«

VITA

Dr. Frank Berzbach
(*1971) markierte als Kind das goldschnittige *Gotteslob* mit gelbem Textmarker, zum Entsetzen seiner Großmutter. Nach seiner Ausbildung zum technischen Zeichner und technischem Abitur wollte er Ingenieur werden, aber es kam anders. Heute unterrichtet er Literatur und Philosophie an der Technischen Hochschule Köln. Christliche Aspekte grundieren seine Bücher über Kreativität und Lebenskunst. Er war Fahrradkurier, Bildungsforscher, Buchhändler, DJ und Wissenschaftsjournalist. Seine Leidenschaften gelten der analogen Welt, er lebt zwischen Schreibmaschinen und Büchern, Füllhaltern und Schallplatten, Analogfotografien und Tätowierkunst, Museen und Klöstern.

https://www.frankberzbach.com/

MEINE RELIGIÖSEN LEKTÜREN

Begegnung, Gebet, Musik und Lektüre sind für die Tiefe meines Glaubens unerlässlich. Das Lesen hat mein Christsein geprägt und hält es offen. Ich möchte eine Auswahl der Werke nennen, zu denen ich immer wieder zurückkomme, weil sie mich (auch) in religiöser Hinsicht beschäftigen. Hier mischen sich theologische und philosophische, fiktionale und nicht fiktionale Texte, Essays und Lyrik. Nicht die Gattung bestimmt, ob ein Werk auch religiös etwas mitzuteilen hat. Diese Auswahl bildet neben der Heiligen Schrift mein neuestes Testament.

Arendt, Hannah: Vita activa oder Vom tätigen Leben. Piper, München: 1981.

Arendt, Hannah/Jaspers, Karl: Briefwechsel 1926–1969. Piper, München: 1993.

Armstrong, Karen: Die Geschichte von Gott. 4000 Jahre Judentum, Christentum und Islam. Droemer, München: 2012.

Ávila, Teresa von: Wohnungen der inneren Burg. Herder, Freiburg: 2007.

Baatz, Ursula: Erleuchtung trifft Auferstehung. Zenbuddhismus und Christentum. Theseus, Stuttgart: 2009.

Ballhorn, Egbert u. a. (Hg.): 73 Ouvertüren. Die Buchanfänge der Bibel und ihre Botschaft. Gütersloher Verlagshaus, München: 2018.

Bartel, Karlheinz: Zen leben – Christ sein. Was die Kirche vom Buddhismus lernen kann. Herder, Freiburg: 2019.

Benjamin, Walter: Einbahnstraße. Suhrkamp, Frankfurt/Main: 2019.

Billeter, Jean François: Ein Paradigma. Matthes & Seitz, Berlin: 2017.

Brantschen, Niklaus: Auf dem Weg des Zen. Als Christ Buddhist. Kösel, München: 2002.

Brantschen, Niklaus: Mehr als alles. Denkanstöße aus Christentum und Zen. Kösel, München: 2012.

Brantschen, Niklaus/Gyger, Pia: Via Integralis. Wo Zen und christliche Mystik sich begegnen. Kösel, München: 2011.

Bruder Klaus von Flüe: Rat aus der Tiefe. Ausgewählt, übersetzt und kommentiert von Anselm Keel. Benziger, Zürich/Düsseldorf: 1999.

Carrère, Emmanuel: Das Reich Gottes. Matthes & Seitz, Berlin: 2006.

Cave, Nick: The Complete Lyrics. 1978–2022. Penguin, London: 2022.

Cave, Nick & O'Hagan, Séan: Glaube, Hoffnung und Gemetzel. KiWi, Köln: 2022.

Cheng, François: Fünf Meditationen über die Schönheit. Beck, München: 2013.

Delp, Alfred: Im Angesicht des Todes. Verlag Josef Knecht, Frankfurt/Main: 1958.

Dylan, Bob: Ich bin nur ich selbst, wer immer das ist. Gespräche aus sechzig Jahren. Kampa, Zürich: 2021.

Dylan, Bob: Lyrics. Sämtliche Songtexte. Hoffmann & Campe, Hamburg: 2016.

Eco, Umberto: Der Name der Rose. dtv, München: 1982.

Meister Eckhart: Deutsche Predigten und Traktate. Nikol, Hamburg: 2007.

Friedrich, Markus: Die Jesuiten. Aufstieg, Niedergang, Neubeginn. Piper, München: 2016.

Gahr, Matthias E. (Hg.): Zwischen allen Zeilen. Münsterschwarzacher Lesebuch. Vier-Türme-Verlag, Münsterschwarzach: 2020.
Glassman, Bernard: Das Herz der Vollendung. dtv, München: 2002.
Goethe, Johann Wolfgang: Dichtung und Wahrheit. Text und Kommentar. Deutscher Klassiker Verlag, Berlin: 2007.
Goethe, Johann Wolfgang: Sämtliche Gedichte. Insel, Frankfurt/Main: 2007.
Green, Julien: Tagebuch. 9 Bde. List, München/Leizpig: ab 1990.
Grün, Anselm: Der Anspruch des Schweigens. Vier-Türme-Verlag, Münsterschwarzach: 2006.
Grün, Anselm: Einreden. Der Umgang mit den Gedanken. Vier-Türme-Verlag, Münsterschwarzach: 2011.
Grün, Anselm/Ruppert, Fidelis: Bete und Arbeite. Vier-Türme-Verlag, Münsterschwarzach: 2006.
Guardini, Romano: Theologische Briefe an einen Freund. Schöningh, Paderborn: 1982.
Guardini, Romano: Berichte über mein Leben. Autobiographische Aufzeichnungen. Patmos, Düsseldorf: 1984.
Guardini, Romano: In Spiegel und Gleichnis. Bilder und Gedanken. Schöningh, Paderborn: 1990.
Guardini, Romano: Briefe über Selbstbildung. Topos, Mainz: 2001.
Guardini, Romano: Vom Sinn der Schwermut. Topos, Kevelaer: 2017.
Habermas, Jürgen: Auch eine Geschichte der Philosophie. Bd. 1: Die okzidentale Konstellation von Glauben und Wissen. Bd. 2: Vernünftige Freiheit. Spuren des Diskurses über Glauben und Wissen. Suhrkamp, Frankfurt/Main: 2019.
Habito, Ruben: Zen leben – Christ bleiben. Barth/Fischer: 2004.
Jäger, Willigis u. a.: Zen im 21. Jahrhundert. Kamphaus, Bielefeld: 2009.
Jaspers, Karl: Der philosophische Glaube angesichts der Offenbarung. Piper, München: 1962.

Jaspers, Karl: Philosophie I–III. Piper, München: 1994.
Kermani, Navid: Dein Name. Hanser, München 2011.
Kermani, Navid: Über die Grenzen – Jacques Mourad und die Liebe in Syrien. Rede zu Verleihung des Friedenspreis des Deutschen Buchhandels. Frankfurt/Main: 2015.
Kermani, Navid: Ungläubiges Staunen. Beck, München: 2015.
Kermani, Navid: Jeder soll von da, wo er ist, einen Schritt näher kommen. Fragen nach Gott. Hanser, München: 2022.
Körner, Reinhard: Dunkle Nacht. Mystische Glaubenserfahrung nach Johannes vom Kreuz. Vier-Türme-Verlag, Münsterschwarzach: 2015.
Kopp, Zensho W.: Zen und die Wiedergeburt der christlichen Mystik. Schirner, Darmstadt: 2004.
Kornfield, Jack: Nach der Erleuchtung Wäsche waschen und Kartoffeln schälen. Wie spirituelle Erfahrung das Leben verändert. Goldmann, München: 2010.
Lassalle, Hugo: Zazen und die Exerzitien des heiligen Ignatius. Einübung in das wahre Dasein. Bachem, Köln: 1975.
Lassalle, Hugo: Zen und christliche Mystik. Aurum, Freiburg/Breisgau: 1986.
Lassalle, Hugo: Leben im neuen Bewusstsein. Ausgewählte Texte zu Fragen der Zeit. Kösel, München: 1988.
Leitschuh, Marcus/Kluitmann, Katharina (Hg.): Wir können auch anders. Der Beitrag der Orden zum Synodalen Weg und für die Zukunft der Kirche. Vier-Türme-Verlag, Münsterschwarzach: 2022.
Mann, Heinrich: Jugend und Vollendung des Königs Henri Quatre. Rowohlt, Reinbek: 1994.
Mann, Thomas: Joseph und seine Brüder. 4 Bde., Fischer, Frankfurt/Main: 1983.
Merton, Thomas: Keiner ist eine Insel. Betrachtungen. Benzinger, Einsiedeln: 1956.
Merton, Thomas: Schweigen im Himmel. Ein Buch über das Leben der Mönche. Rheinische Verlagsanstalt, Wiesbaden: 1957.

Merton, Thomas: Im Einklang mit sich und der Welt. Diogenes, Zürich: 2009.
Merton, Thomas: Sich für die Welt entscheiden. Arbor, Freiburg: 2009.
Metz, Wolfgang: Notwendige Unruhe. Über Kirche, Sexualität und Freiheit. Echter, Würzburg: 2022.
Nietzsche, Friedrich: Die fröhliche Wissenschaft. Meiner, Hamburg: 2013.
Nouwen, Henri: Nimm sein Bild in dein Herz. Geistliche Deutung eines Gemäldes von Rembrandt. Herder, Freiburg: 1992.
Nouwen, Henri: Love, Henri. Unveröffentlichte Briefe über Freundschaft, den Glauben und spirituelles Leben. adeo, Asslar: 2017.
Ohashi, Ryosuke: Kire. Das Schöne in Japan. Fink, Paderborn: 2014.
Rahner, Karl: Worte ins Schweigen/Gebete der Einkehr. Freiburg, Herder: 1973.
Rahner, Karl: Der betende Christ. Geistliche Schriften und Studien zur Praxis des Glaubens. Sämtliche Werke 7. Herder, Freiburg: 2013.
Rahner, Karl: Im Alltag nicht alltäglich werden: Oder: Wie der Alltag zum Gebet wird. Matthias-Grünewald, Mainz: 2019.
Rahner, Karl: Von der Kraft, täglich neu zu beginnen. Matthias-Grünewald, Mainz: 2020.
Rilke, Rainer Maria: Die Gedichte. Insel, Frankfurt/Main: 2006.
Sawaki, Kodo: Zen ist für nix gut. Kommentare zu Yoka Daishis Shodoka. Angkor, Frankfurt/Main: 2015.
Schatz, Klaus: Geschichte des Ordenslebens. Vorlesungen WS 1999/2000. St. Georgen/Frankfurt/Main: 2000.
Schleske, Martin: Der Klang. Vom unerhörten Sinn des Lebens. Kösel, München: 2010.
Smith, Patti: Collected Lyrics 1970–2015. HarperCollins, New York: 2016.
Smith, Patti: Just Kids. Bloomsbury, London u. a.: 2018.

Stadler, Arnold: »Die Menschen lügen. Alle« und andere Psalmen. Insel, Frankfurt/Main: 1999.
Stadler, Arnold: Salvatore. Fischer, Frankfurt/Main: 2008.
Thích Nhất Hạnh: Jesus und Buddha – ein Dialog der Liebe. Herder, Freiburg: 2000.
Tokarczuk, Olga: Die Jakobsbücher. Kampa, Zürich: 2019.
Tokarczuk, Olga: Unrast. Kampa, Zürich: 2019.
Tokarczuk, Olga: Übungen im Fremdsein. Essays und Reden. Kampa, Zürich: 2021.
Trungpa, Chögyam: Über Kunst. Edition Steinrich, Berlin: 2012.
Von Brück, Michael: Wie können wir leben? Religion und Spiritualität in einer Welt ohne Maß. Beck, München: 2002.
Weil, Simone: Cahiers 1–4. Hanser, München: 1997.
Werfel, Franz: Das Lied von Bernadette. Fischer, Frankfurt/Main: 1991.
Werfel, Franz: Leben heißt, sich mitteilen. Betrachtungen, Reden, Aphorismen. Fischer, Frankfurt/Main: 1992.
Wilm, Sieghard: St. Pauli, meine Freiheit. Claudius, München: 2020.
Zander, Hans Conrad: Gottes unbequeme Freunde. Heilige für unsere Zeit. Gruner+Jahr, Hamburg: 1982.
Zander, Hans Conrad: Von der rechten Art, den Glauben zu verlieren. LIT, Berlin u.a.: 2019.
Ziegler, Gabriele: Edith Stein – Suchend, wachsam und entschieden. Vier-Türme-Verlag, Münsterschwarzach: 2017.

Besuchen Sie uns im Internet:
www.bene-verlag.de

MIX
Papier | Fördert gute Waldnutzung
FSC® C083411

Originalausgabe Oktober 2023

Ein Imprint der Verlagsgruppe
Droemer Knaur GmbH & Co. KG, München.

Lektorat: Stefanie Ramsperger, Stefan Wiesner
Gestaltung: Maike Michel
Druck und Bindung: CPI books GmbH, Leck
ISBN 978-3-96340-247-0

5 4 3 2